私たちに「今」似合う服

新しいベーシックスタイルの見つけ方

Stylist 福田麻琴

大和書房

はじめに

私が私でいられるように

若くはない、でも年寄りと言うにはまだ早い、40、50代。

心も体も変化が激しく、不安定なお年頃かもしれません。

もしかしたら男性だって同じかも。

まだまだ気持ちは若いけど、日々少しずつ老いていることをそこかしこで実感します。

太ったり、痩せたり、白髪が生えたり、シミができたり……。

それに、毎日一生懸命自分の人生を生きてきたつもりが、よく考えたらずっと誰かのために生きてきたみたい。

それはそれで幸せなことよね。そういう生き方を選べたんだから。

だけど、少しずつ自分の為に生きる準備をしなきゃ、と最近思うんです。

子供がいつ巣立ってもこの人生を楽しんでいられるように。

いつだって、私が私でいられるように。

この本はファッションを通して自分が変化していく様子を書いてみました。

初めて自分の言葉で綴ったので、少し恥ずかしい気持ちはありますが、私と同じく悩んでいる方もいるかもしれないと思うと、ちゃんと自分の言葉で伝えたかったんです。

そして歳をとることは素敵なことだと、改めてちゃんと思いたい。

もちろん若さの素敵さには叶《かな》わないところもありますが、悪いことばかりじゃないはず。

悩んでいないで、笑っちゃいましょう。

シミもシワも、入らなくなったデニムも、きっと面白おかしく思えるはず。

前向きに生きるということは、そんな自分を受け入れて初めてできること。

そしてこの先まだまだ何十年もそんな自分と生きていくんだから、せめて自分くらいは自分を愛してあげないとね。

大丈夫、私たちに「今」似合う服はまだまだたくさんあるよ！

是非、クスッと笑ってください。

1章 ファッションのこと

もう一度、オシャレしたい！

2章

からだのこと

無理せず私らしく

3章

これからのこと

スタンダードを更新する

1章

ファッションのこと

もう一度、オシャレしたい！

シンプル
イズ
ベスト

結局最後はここにたどり着く

「liveinsimple」とは元アシスタントのInstagramのアカウント名ですが、確かに彼女はとてもシンプル。

考え方も生き方もファッションも。常に自分の心に素直に生きています。

間違ったことが大嫌いで、東京の母としてはその不器用な感じがたまらずに、もう少しずる賢く生きたっていいんだよ、とアドバイスしたい時もしばしば。

でもそれが〝らしさ〟なのでしょうね。

一体どうしたらあんなにもシンプルに生きられるのか。

私の目標だって長いこと変わらず「シンプルイズベスト」です。

そんなふうに生きていた時代もありますが、今の私はそうじゃない。

いつのまにかモノに溢れた生活をしているし、だから気持ちもシンプルではいられない。

たくさんのモノたちから、好きなモノと必要なモノをどうにか選び出しながら暮らしてはいますが、結局その呪縛から逃れることはできずにいます。

「less is more」

こんな言葉もあります。少ない方が豊かだと。

職業柄、どうなんだろう？　と疑問は湧きつつも、少ない服でオシャレに見えたらそれって一番素敵なこと。

フランスに留学した時、私の荷物は大きなトランク4つほど。その中の2つくらいが服でした。

暮らせるんです、トランク2つの服で、本当は。

そして、ないから工夫するんです。単純に合わせるものを替えたり、スカーフやアクセサリーで雰囲気を変えたりね。あの〝ない〟時代のオシャレの方がよっぽど迷いがなくて楽しかったかもしれません。

あの留学から15年が経とうとしています。

と、計算してみて驚きました！　この15年があまりにもあっという間すぎて。

正直30代の記憶がない！　本当に慌《あわ》ただしかったからなあ。

大好きな仕事と、かけがえのない母という役割、十分ではなかったけれど（笑）、とにかく記憶がないほどすべてに夢中でした。

そして今、自分だけの為に使える時間が増えました。

そこでもう一度トランク2つまで絞ってみたい気持ちになったんです。

もう一度シンプルに生きてみようと。

15年間溜め続けたものは1日2日ではどうにもならないので、1、2年かけて整理していくつもりです。


「シンプルイズベスト」

これはモノの話のようで、きっと心の話。

モノを減らすと心がスッキリしますが、心がスッキリしたらきっと本当に必要なモノが何か、もっと見極められるようになるはず。

そして数年後、数十年後には、ゆっくりくだっていく人生が待っています。くだっていく時間だって楽しみたいから、元気のある、今がチャンス。

きちんと整理してシンプルに生きていく準備、始めます。

20年以上使用しているリモワのトランク。東京からパリを何往復したことか。この中に必要な服が全部入っていたなんて今も信じられない！　だけど本当は暮らせるのよね、このトランクに入る分だけの服で。

シンプルイズベスト2

何か一ついいものを

限られた服しか持っていけないという留学時代に、服がないのでアクセサリーやスカーフで工夫したお話をしましたが、その名残《なごり》が今も残っています。いや、その時の経験が私のファッションに対する価値観を180度変えたと言っても過言ではないかも。そのくらい素敵な経験を、留学先のフランスでしました。

そもそも20代は例に漏れず、トレンドを追いかけまくって、新しいものを買うのがスタイリストの一番大切な仕事のように勘違いしていました。買い物をしまくったところで、スタイルなんて見つかるわけないのにね。

新しいものに敏感でいるアンテナは今も大事に思っていますが、そのすべてを手に入れることだけがクールなことじゃない。

素敵なものは素敵、私は私。

まぁ、成功も失敗もたくさん経験した今だから、そんなふうに思えるんでしょうけど。

「シンプルイズベスト」はパリが私に教えてくれたことでもあります。アルバイトでパリジェンヌスナップをしていたので、たくさんのかわい子ちゃんたちに触れ合う機会があったのですが、みんなマインドが本当にシンプル。好きなものが決まっているんです。

私はずっと青が好き。小さいバッグしか持たないの。夏でもブーツよ。ジャケットが制服。毎日白スニーカー……。自分の好きなもの、自分らしさをよくわかっていて、他の人にはない自分だけのキャラクターをちゃんと生かしてる。こんなふうに自分を客観的に見ることができて、分析して、プロデュースするのは世界中でパリジェンヌが一番上手いと思います。

子供の頃から何か特殊な訓練でも受けているんだろうか。だから自分に自信があるし、人と違っても堂々としていられる。自信があると人は自《おの》ずとシンプルになる。

だって黒タートルにデニムにショートブーツで、どうしてあんなにカッコイイのよ、自信以外に何がある⁉

私が大好きなフランス人のファッションエディターであるエマニュエル・アルトは、それこそシンプルな服装なのに世界一カッコイイ！　あれだけ細くて長い手足があったら正直何を着たってカッコイイけど、真似したってそうはいかないのよね。

だからって諦める必要はありませんよ。長い手足がない私にだって、シンプルイズベストを実行するためのお助けアイテムがあるんだから。

黒タートルにデニムだって、スカーフを一巻きしたら？　パールのピアスは？　ベルトもいいアクセント！　大ぶりなイヤリングも存在感あり、時計をさりげなくとか、小さなブローチをいくつかつけるのも素敵……。あるある、まだまだ出てくる。これさえあればシンプルコーデも怖くない！

そしてできたらお助けアイテムは本物を選んで欲しいんです。

どんなにシンプルな服だって、きっとそのすべてを本物に見せてくれるから。

これは私がこっそりこだわっている秘密のテクニックです。

「たとえ白いTシャツにジーンズでも
セクシーであろうとするのが
フランス女性」

エマニュエル・アルト

ジーンズ——今でも仲良しですか?・ジーンズと

長年スタイリストをやっていると、色々なお悩み相談を頂きます。電話で、メールで、ダイレクトメッセージで。

電話はさすがに友達からしかないけど、知り合いだろうが知り合いじゃなかろうが、大体の悩みはざっくり世代によって決まっているようです。

その中で3本の指に入るのが、「どんなジーンズ買えばいい?」です。

少し目を離すとジーンズってやつはまったくわからなくなります。20代では下着が見えそうなくらい股上《またがみ》が浅いローライズが流行《はや》っていたのに、40代の今、これでもかってくらいのハイウエストが主流。テーパードかと思えばフレアが流行ってみたり、シルエットに限らず、シックなブラックやグレーがトレンドに浮上したかと思いきや、突然淡いブルーになり、度肝《どぎも》を抜かれる。

そりゃ、ついていけないよね。

ほとばしるパッションがあった昔ならともかく、何買ったらいいか手短かに教えてくださいが本音よね、今は。忙しいんだよ、私たちはさ。

ファッション業界で働いていると、いつのまにか一般と〝ズレ〟ていることが多々あります。

みんなの〝普通〟がわからなくなったらもはやプロだなんて名乗れない。私がスタイリストとして一番大切にしていることは、今の女性の生き方に寄り添うこと。デザイン、価格、着心地など、憧れのものだけじゃなくて、ちゃんと楽しめるものを提案したいんです（だってファッションはみんなのものだから！）。ちゃんと寄り添ったうえで、デイリーに使えるもの、憧れのものを提案できるようなスタイリストになりたいと心から思っています。

しかしながら、ジーンズっていうのはそれぞれあるでしょうよ？　とも思う（笑）。

自分のスタンダードデニムを持ってない人の方が私の周りには少なくて。何となくその人らしいモノがそれぞれあるもんだと思っていたんだけど……。これはまさしく大きな〝ズレ〟だな、まったく。

では初心に戻って考えてみよう。

ジーンズとは、その年流行ったシルエットと歌謡曲を一緒に覚えていられるほど、トレンドが凄まじいアイテムなんです。

私ははっきりと思い出せます。

あの曲が街で流れていた頃、どんなジーンズを自分が履いていたか。

そして思い出す度に懐かしさと恥ずかしさで消えてしまいたくなる（笑）。

でもそのくらい〝時代〟が出るアイテムだってことをここでもう一度言わせてください。

ファッション業界で働く先輩がファッションとは程遠い海外で数年暮らし、帰国する時電話をくれました。ジーンズ、今どんなの流行ってるの？　帰国した時、懐かしい人になりたくない、と。

彼女が言っていることがものすごくよく理解できました。

日本には独特のデニムのトレンドがあります。トレンドは季節で変わり、それこそ数年いなければウラシマタロウになってしまう。

海外ではその人が持っている肌の色、髪の色、体型などによってそれぞれ選ぶデニムはさまざまだけど、日本ではまだまだそこまでパーソナルなアイテムにはなりきれていない。

モノを減らしたいと願いつつ、お願いこれだけは許して！ってアイテムがデニムです。だってこれなしで自分のファッションは成り立たないと知っているから。もうこの1枚と一生生きていくよ…そんなデニムに出会うのを夢見てる。

やっぱり私たちはまだまだトレンドに弱いのよね。

だけど、どうよ?

これからもずっとずっとトレンドを追いかけていくの?

去年買ったのにもう着られない、そんなものが本当に必要かな?

とか言いつつ、ジーンズに関しては常に冒険者でありたいと願っている私もいたりして。

週の半分履いているユニフォームみたいなものだからこそ、常に新しいものに挑戦し続けて、残っていくものを私のベーシックに変えていきたい。

モノを整理したい、本当に大切なモノを見極めたい気持ちは本当ですが、どうかデニムだけは!

どんな私になろうとも、このアイテムとずっと仲良しでいたいのです。

コスパ名品

一番好きな言葉は〝コスパ〟です

スタイリストという職業はいわゆる〝名品〟を仕事で扱うことも多く、どうして名品になりえたのかのストーリーも含め、詳しい人が多いと思います。名品とは、このブランドと言えばアレだよね、みたいな代表作のこと。

こういう名品が大好きな人もいれば、人と被《かぶ》る可能性も高いので、あえてそういうものを選ばない人もいます。私は思い切り前者。

名品大好き！

むしろトレンドには興味ないかもしれません。

ただ、このトレンドが名品になりうる場合もあるので、そうなってからだと手に入れるタイミングも難しく、だいぶ経ってから、〝イマサラ熱〟に侵され、やっぱりいいよねぇ、でもイマサラだよねぇ、と悩むハメになったりします。

そこは見極め力が大事。名品はなかなか大きな買い物なのでね。

大きな買い物といえば、「30歳で自分にギフトを贈りたいけど、何がいいでしょうか？」と、後輩達から相談を受けることもしばしば。

時計やジュエリーを勧めることが多いのですが、これらのアイテムは一生付き合っていく可能性が高いアイテムなので、名品がいいと思うんです。

長く使える、一生使える、こういう言葉はまさに名品にピッタリ。女性像を左右するようなアイテムなので、なりたいイメージを持ってから身につけるのが大事です。

ただ、名品の中には、長くも一生も使えないけど、毎日身につけられるタイプの名品もあります。

それを私は〝コスパ名品〟と、呼んでいます。

そのアイテムの定義は、価格の割に日常をものすごく豊かにしてくれるもの。

それは見た目だけの豊かさではなくて、気持ちいい、とか、楽ちん、の類の豊かさね。

この値段でこのクオリティ、最高！

みたいなアイテム達です。

例えばヘインズのTシャツとか、無印良品のソックス、プチバトーのカットソ

コスパ名品の代名詞、エルエルビーンのグローサリートートです。週末の買い出しから旅行まで、どんなシーンでも活躍してくれる頼れるヤツなんです。

ー、ビルケンのEVAシリーズ、エルエルビーンのグローサリートートなどなど。

お金を出せば高いものは買えますが、こういうコスパ名品を探すのは、たくさんの経験がものをいう……あぁ、何度失敗して実家の母に送りつけたことか！（笑）。

ただ安いんじゃダメなんです。

それは値段より、気持ちよさ、便利さ、キュートさが上回っていなきゃ！

もちろん憧れの名品も、一生付き合っていくと考えたらコスパが良い。だから結局、どっちも好きなのよねぇ。

白いシャツ

ごまかせないのよ、白いシャツは

洋服の中で一番ベーシックなアイテムは何ですか？　私がそう聞かれたら、きっと唸《うな》りながら答えることでしょう。「白いシャツ……かなぁ」と。

ベーシックなアイテムは人それぞれだし、シャツが嫌いな人ももちろんいるだろうけど、男性も女性も着るジェンダーレスなアイテムでもあるし、若者も老人も着るエイジレスなアイテムの代表でもある。スタイルで言ったらコンサバ派はもちろんだけど、カジュアル派にもマストアイテムよね。

パーティーにだって着ていくことができるし、週末公園にだって行ける。

そう考えると右に出るものはもうデニムくらいしかないかもしれない……。

ということで私的トップス界Ｎｏ．１ベーシックアイテムはやっぱり白シャツ！

そんな私には白シャツ遍歴があります。

これは皆さんにもきっとあると思うけど、私が20代の頃、とてつもなく時代は〝モテ〟を意識したファッションでした。

なので白シャツも〝あえて〟なんてまどろっこしく、同性にしかわからないシルエットではなく、ピッタリが主流。

コンパクトなサイズ感でピタッとウエストが絞られたシャツなのに体のラインが強調されるようなストレッチ入りのもの。

オーバーサイズが定着してしまった今の日本ではなかなかこのシルエットをカジュアルに着崩すのは難しい。

もはやアメリカンなドラマのグラマラスな秘書しか着ていないんじゃなかろうか？　と思うけど、海外に行くとまだまだこちらが主流で驚いたりします。

なのでこのシルエットを着る時は少しコスプレみたいな気持ちで着るのがおすすめ。

なんなら、タイトなスカートでさらに完成度を上げたいところ。もう着ることはないかもしれないけど、実は私はこのピッタリシャツが嫌いじゃない。だけど出番があまりにもなさすぎて、クローゼットのほとんどのシャツのシルエットはオーバーサイズとなってしまいました。

「白いシャツはすべての基本。
他はあとからついてくる」

カール・ラガーフェルド

そしてこのマイベーシックアイテムであるはずの白いオーバーサイズシャツ、久々に着てみるとちょいと難しい。

10年前より、5年前より、何なら去年より、似合っている。

なのに、何だかキマらない。

なぜだろうか？　と考えてみたら、〝ごまかせない〟からだと気がついた。

白シャツはその人のすべてを映し出す。

どんなブランドのどんなシルエットを選ぶのか、ボトムは何と合わせるのか、ボタンは何個開けるのか、それとも全部閉めるのか、襟は抜くのか、袖はまくるのか、裾は出すのか……。

スピリチュアルな感性など持ち合わせていないけど、長年のスタイリスト人生により、私はきっとシャツ占いができるでしょう。「このタイプのシャツが好きなあなたは……」ってね（笑）。

そのくらいその人〝らしさ〟を醸《かも》し出せるアイテムだし、同時にその人が目指している憧れのイメージもダダ漏れる。

私が今、白シャツと少し距離を置いているのは、自分を大きく見せる必要がなくなってきたからかも。

20代、30代と、打ち合わせの時や会食の時、白シャツにはずいぶん助けてもらったなぁ。カッコ良く見られたくて、大人に見られたくて、白シャツを選ぶことが多かった。似合っていたかはわからないけど、いいシャツさえ着ていれば素敵な大人たちに認めてもらえる気がしていたのよね。

だけど、今は違う。それなりに似合うのよ、何を合わせても。

40代は白いシャツに助けてもらわなくてもそれなりの貫禄が出ちゃうもんでさ、このアイテムをもう一度前向きに着るには考え方を変える必要がありそう。

白シャツ＝特別、ではなくて、白シャツ＝日常。そう思えたら、これからはやっと同等に白シャツと付き合っていけそうです。

トートバッグ

大人が持っている方がカッコイイ

正直、若さっていい。

あの肌、あの髪には戻れないんだと思うと落ち込みそうにもなるけど、今の方がだいぶ楽しいから本気で戻りたいとは思わないんだけどさ。

ファッションもトレンドはやっぱり若者のもの。最近は特にそう感じるようになりました。

私も若かりし頃は毎シーズン新しい色、新しいデザインに挑戦していましたよ。まだ何者にもなれていなくて、あ、それは今もそうなんですが（笑）、とにかくファッションへの情熱ははち切れるほどありました。

ものすごくブレブレで自分のコーディネートに納得いかないまま仕事に行き、やっぱり気分がのらなくて着替えに戻ったのも一度や二度じゃない。そんな面倒臭い若者でしたが、今思い出してもキラキラしていてやっぱりいい時代でした。

だって何を着たって似合うもの。

似合ってなくても情熱とキラキラでカバーできる。

うらやましいぞ、若者！

ただ、この世のファッションアイテムの中には大人の方が似合うものってあるんです。

ふふふ。オシャレ七不思議。

その一つがこのキャンバスのトートバッグ。

キャンバスを自由にコーディネートしている大人の方を見かけると、素敵だなぁと思います。男性女性問わず、スタイルがあるなぁ、と。

なぜなんだろうと考えてみたら、そこには〝あえて〟という考え方があるから。

チープシックなイメージのあるキャンバスですが、学生が持っていたら普段使いのちょっとトラッドなトートバッグ。

それを大人が持つと……、レザーではなく〝あえて〟キャンバスを合わせているような雰囲気になるから不思議。春夏秋冬、キメキメになりそうな時はこのキャンバストートに頼ることをオススメします。

全身黒のコーディネートもキリッとしたジャケットも、このキャンバストートが只者《ただもの》ではない雰囲気を醸し出してくれるので是非やってみてください。

そして大人が持っているキャンバストートは大体がいい感じにやられています。

年齢とともに味の出たキャンバスはその人の生き様すら想像させられちゃう。

ん？　ということは？

経年変化していくもの、一緒に歳を取っていけるものはもしかして大人の方が似合う説。

これって大発見じゃないですか⁉

「あえて…」。これって魔法の言葉。あえてキャンバス、あえてスニーカー。この言葉にはバッチリきめないではずすのがかっこよくない？　という意味が隠れています。何事も意外性。それを面白がれるようになったら大人ってこと！

清潔感

これからのファッションはこれがすべて

大昔、おしゃれな先輩が言いました。

大人のスニーカーはキレイでなきゃ。

ピチピチだった私は、いまいちその意味を深く理解できないままスクスクと中年になったわけですが、なぜかその言葉が強烈に心に残っていました。

それがここに来て、グングン身に染みているのですよ。

先輩、本当にそうですね。大人のスニーカーはキレイじゃなきゃ！

昔、新しいスニーカーを履くのが恥ずかしくて、誰かが新品をおろす度《たび》、みんなで踏み合っていました。ちょっとくらい汚れていた方が味があるし、こなれた雰囲気も出ると本気で思っていたんです。

あぁ、愚かで愛おしい、あの頃のアホな私。だけどそれがけっこう似合っていたのよね。

古着とか、ヴィンテージ、そんなのに夢中だったから。

だけど、変化は突然やってきます。

あれ、このスニーカー汚くない？　と。あんなに一生懸命踏みつけていたのにね。

汚れたスニーカーを履いている自分にしっくりこなくなったら、なんだかみすぼらしいとすら思えてきたら、そう感じたなら大人になった証《あかし》。

ファッションもネクストステージです。

ようこそ！

ここからのファッションは清潔感にすべてを注ぎましょう。

それは間違いなく私たちをより素敵に見せてくれるから。

高価じゃなくてもいいんです。ユニクロだってZARAだって、きちんと洗濯をして清潔に保ち、黄ばみや毛玉などちゃんとケアしていればそれが一番のオシャレ。

めちゃくちゃ独断と偏見ですが、無印ラバーはなぜかきちんと服をメンテナンスしているイメージがあります。服というより丁寧なライフスタイル好きの人が多いからなのかなぁ。

ブランドにこだわっていても、しわくちゃでシミだらけの服では自分の存在も安っぽく見えてしまいます。

清潔感は服以外でも大切。

例えばハゲハゲのネイルはその人の人となりが出てしまいます。

そんなもったいないことをしてはいけませんよ。

もしアイロンをかける余裕がないのなら、ノーアイロンで着られる服を探すべき。ネイルを塗り直す時間がないのならば、キレイに切り揃えて磨いておくだけでいい。

ちなみに私の持っている服のほとんどは洗えてノーアイロンで着られます。

それが今の自分にはちょうどいい。

整って見えること、ファッションにおいての清潔感とはそういうことだと考えています。清潔感さえあれば、Tシャツだって何も塗っていない爪だってオシャレに見えるんじゃないかしら。

ボロボロのスニーカーを履きこなすには、それなりのキャラクターが必要。それが似合うのならめちゃくちゃカッコイイけど、そこに自信がないのならキレイなスニーカーを選んだ方がいい。私はまだまだキレイを選んじゃう。

ネイビー
セット
アップ

とりあえずこれさえあれば
どうにかなる

最近大人気なのはリラックスムードたっぷりのカジュアルなセットアップですが、今回は大人になると必ず必要な場面が出てくる〝あの〟セットアップのお話です。

オケージョン服とも言いますね。

入学式、卒業式、何かの式典や子供の学校によっては保護者会から毎日の送り迎えまで、このネイビー服が必要な方も。

だからネイビーのセットアップってあらたまった印象がありませんか？　ちょっと堅くてまじめなイメージというか。

でも私はこのネイビーって実はとても女性らしい色だと思うんです。

女性らしいというと今色々ダメなんだったか（笑）。だとしたらエレガント、とか、ノーブルなイメージ。

上品で高貴な色。

だから本当にオケージョン服にはぴったり。

とにもかくにもネイビーを着ていればだいたいのシチュエーションは大丈夫。

これで失礼になるなんてことはありません。

あ、ネイビー色のデニムはちょっと意味合いが違いますよ！

まぁ色落ちした淡いブルーのデニムよりはエレガントには見えると思いますが。


オケージョンというと黒、ネイビー、ベージュなどが一般的。

それまで私が持っているオケージョン服はほとんどは黒でした。

リトルブラックドレス、黒ジャケット、黒のスカートセットアップ……。着慣れているし、いつも黒のコーディネートをするときはワクワクします。

黒一色というのは特別な雰囲気を作れるし、アクセサリー次第でどんなイメージにもなれるから。

そんな黒大好き人間のクローゼットになぜ最近ネイビーのセットアップが増えたかって？

その答えは簡単。

迫力隠しです（笑）。

私の中で黒は強さを象徴する色。何色にも染まらないし、意志の強さを感じます。今はリラックスした気分でも黒を着られるようになりましたが、やっぱりどこか戦闘モードにはなっちゃうかなぁ。家で着られると家族は迷惑でしょうねぇ。

近しい色でもネイビーは全く別物。

なぜなら優しい気持ちになれるからです。

それは甘く可愛らしい優しさではなく、凛《りん》とした上品な優しさ。

不思議ですよね。同じダークトーンでもこんなにも着ている人に作用するなんて。

そしてそれを目にする人々に、きっと迫力より品の良さを感じてもらえるはず。

若い頃はあんなにも迫力を欲しがっていたのに、いざ漂い始めると、優しく見られたいと願うなんて、人はわがままですねぇ。あ、私だけか⁉　来年にはもっと優しく見えるベージュを推していたりしてね。

強い黒、上品なネイビー。どちらがなりたいイメージ？　パリコレの会場で見かけたフランス人女優が着ていた黒とネイビーの組み合わせが忘れられません。この配色が最強かも !?　どちらも手に入れるなんてさすがパリジェンヌね。

ネイビーセットアップ

靴とバッグ

相棒を考えておく

朝起きて、その日のコーディネートをどんな順番で考えますか？

人それぞれやり方が違っていて面白そう。

是非みなさんにも聞いてみたいものです。

私はまず天気をチェックします。

そこからコーディネートを考えることが多いかな。とにかくオシャレに関してはもう無理をしたくないので、足元が重要だと考えています。

雨の日はレインシューズが快適だし、海に行くなら砂浜はビーチサンダルが丁度いい。山はトレッキングブーツが絶対安全ね。

その時々のシチュエーションにぴったりの靴ってあるんです。

なので毎日の生活でオシャレに快適さを求めるとすると、まずはその日の天気、そしてその日行く場所、会う人をイメージして靴を決めるとたいてい良い気分で一日を過ごせます。

ＴＰＯってやつです。

私はなんでも自由な中でコーディネートを決めるより、ＴＰＯを考えながら決める方が好きです。例えば天気という縛りがある中で、より快適さを求めて工夫するのが好きなのかも。

そして靴を決めたらバッグを決めます。

私はこのバッグを決める時がコーディネートの要《かなめ》になると思っています。

どんなバッグにするかじゃなくて、靴バッグの組み合わせがコーディネートを大きく左右する気がするんです。

だから常に靴バッグは組み合わせておきます。この靴に対してちょうどいいバッグはこれとこれ……みたいな。

何パターンかずつ組み合わせておくと色々なシーンに対応できるのでとても便利。

組み合わせ方はいくつかあって、一番簡単なのは〝色〟。

同じ色の靴とバッグ。

これはとても簡単で間違いがない。同じ色の中での素材の違いは、むしろそれが面白く作用したりもします。

他には〝テイスト〟で組み合わせる方法もあります。

バレエシューズにカゴバッグ、スニーカーにリュックサック、みたいにテイストで〝フレンチ〟〝スポーティ〟とかに分けてもまとまりが出て素敵。

こんなふうに相性の良い靴バッグを組み合わせておくと、正直服はなんでも大丈夫。

どんな服を着ていても、統一感を作ってくれます。

だから要はこの2つのアイテムの組み合わせ。いいじゃない、毎日一緒だって。

これから靴バッグを購入する時は、手持ちのアイテムで相棒になりうる奴がいるか考えて買うことをオススメします！

ここさえ安心できれば少々の朝寝坊は大丈夫（笑）。

ものもたくさん持たなくていいし、いいことだらけじゃない？

着ている服がどんな組み合わせでも、このバランスが整っていれば大抵コーディネートが上手くいくんです。これから靴バッグを買おうと思っている方、手持ちにベストな相方がいるかはよく考えてね。

肌見せ

大人はどこからがアウトですか?

私の個人的な見解で肌見せを定義すると、清潔感が保てていれば大丈夫。それってとても大事なことなのですが、じゃあその清潔感って一体何さ? 人それぞれ基準が違うじゃん?

そんな声も聞こえてきそうです。

そう、ファッションって自由がゆえに、こうしなきゃいけないなんてルールがないので、どうしても言い方が曖昧になってしまうんです。

もうなんなら好きなもの着ていいんです。自分がワクワクしたり、ハッピーになれるなら。

だけど、そうもいかないんですよねぇ。

気になるんです、人の目が。

大人になると、これどう思う? と、気軽に相談できる友達がいつも隣にいるとは限らない。

私も長くファッションの仕事をしていますが、こういう分野は意識して情報をとりにいかないとめちゃくちゃ偏《かたよ》っていきます。

スタイリストの特殊なオシャレ感は一度置いておいて、一般的なものの見方で私が大人の清潔感のある肌見せを定義するなら……。

「どこか出すならどこかはしまおう」

です。

肌を出す分量が重要な気がしています。

さらに細かく分析してみると、

20代、好きにやってくれ
30代、足を出すならデコルテはしまおう
40代、足を出すならデコルテと二の腕はしまおう
50代、デコルテを出すなら他はしまおう
60代、しまいすぎず、手首と足首は出そう
70代、もうなんだってカッコイイっす

どうでしょう。私の独断と偏見ですが、何となくイメージがつきましたか？
最後に一言……、
70歳になるのが楽しみすぎるぜ。

「着こなしは生き方だ」

イヴ・サン＝ローラン

軽いもの

何もかも軽い方がいいに決まってる

軽いことの重要性に気がついたのはキャンプを始めてから。自然が大好き。癒されるし、落ち着くし、こういう時間を無理してでも作らないと心が健康でいられない。

子供が産まれてから特にその意識は強くなり、必要なことはすべて自然が教えてくれる……と、私は本気で思っているんだけどねぇ。

その気持ちは私だけのものだったようで、夫とは全く意見が合わない。夫はキャンプが嫌いで、なんでわざわざそんな面倒なことを整備された自然でやるのか意味がわからないと言っています。そんなの本物の自然じゃない、と。

東京生まれが何言ってんだか。食糧を持って行かず、ナイフ1本のサバイバルなら一緒に行く、とも言っていたなぁ。どうかしている。

仕方がない、嫌なものは嫌だよね。だけどそこであきらめないのが私の長所。

なんでも思い切ってやってみる。だから2人でキャンプを始めたんです。

さすがの私も小さな子供と2人きりだと心細いので、誰かのキャンプにジョインする形がほとんど。テントとチェア、マグカップだけ自分たちで持って行き、キッチンやタープや焚《た》き火は誰かのを一緒に使わせてもらうというスーパーラクチンスタイル。

これが結構心地よくてさ。

図々しくないとできないのだけど、幸いその能力は他者より優れているので、すんなりこのスタイルが好きになりました。

好きになったはいいんだけど、家から車までそれまで使っていたテントを持ち上げて運べないことに気がついちゃったのよね。

そこで今一番必要なスペックが〝軽さ〟だということに気づいたんです。

小さな子供と非力《ひりき》な母親のコンビなのでとにかく〝軽さ〟重視。

テントも椅子も、ランプさえとにかく軽いものに買い替えました。

その利便性に出合ってしまってから、日常でも癖になってしまいまして。毎日一番重さを感じるもの、それはバッグ。バッグこそ軽くあるべきですよね。

今後バッグを買う時の基準として、〝可愛い〟に〝軽い〟が加わりました。それも同じくらい大切な基準として。

今、重いものは、今後もっと重たく感じるはず。だって私が急にものすごく鍛えたりしなければ、自然と体力は衰えていくのだから。

重いからサヨナラなんて寂しすぎるから、これから選ぶバッグはやっぱり〝軽い〟をマストにしよう。

軽くて丈夫なチャコリのハーネストート。この 2 つが揃ったら最強。私を助けてくれる軽いバッグがあれば、もっと自由に軽やかに、何だって挑戦できる気がする。どうしたらもっと自分を甘やかせるか、いつも考えてます（笑）。

白と黒

白と黒はシルエットのあるものを

年々選ぶ服も身につける服もシンプルになり、昨年はついにモノトーン時代に突入しました。

色に挑戦したいと思いつつ、なぜかモノトーンという配色が今は落ち着く。目立たず、さりげなく、かっこよく。

そんな気分なんでしょうか。

昔から白も黒も大好きだったし、アニエス・ベーの服に出会ってからはモノトーン配色信者に。同じ感覚の同年代の人が周りに多くて、アニエス・ベーが日本人女性に与えた影響力って計り知れないなぁと改めて思います。

可愛くもカッコ良くもエレガントにもなれる白と黒。

ますます頼ることが多くなった今日この頃ですが、今までのシンプルな白シャツとセンタープレスの黒パンツが、あれ？　今までとなんか違うぞ。

一体何が違うんだろうか。

色としての強さはあっても個性は強くない白と黒。

それをそのまま着ると、目立たず、さりげなく、カッコイイのですが、今っぽくはないのかなぁ。

でも大好きな配色をあきらめられないので、どうにか工夫して一生着たい！

あれこれ試行錯誤してたどり着いたのが〝シルエット〟なんです。

トップスでもボトムでもシルエットがあればきまる！

ちょっと懐かしいかなぁと思ったら、それは色のせいではなくシルエットのせいなんです。

もちろんトレンドの色も存在するけど、シルエットは時代によって確実に進化しています。

だから、今っぽさを手に入れたいと思ったら、まずはシルエットを見直すべきだと気がつきました。その後に色。

私は何十年も変わらないデザインが好きでもあるので、そんな変哲のないデザインを長く着るためにもトップス、ボトム、どちらかには今年らしいシルエットを取り入れるようにしています。

白と黒は特別な色。

何色にもなれるし、何色にもなれない。

そしてトレンドもないんです。

だからこそシルエットにはお気をつけあそばせ。

わかりやすく懐かしさも今年らしさもシルエットが語ってしまいます。

シルエットを制すれば、オシャレを制する！

上手に取り入れることができれば、自分のアイデンティティみたいなセントジェームスのボーダーを、リーバイスのデニムを、長く長く着ることができるのです。

スタジオニコルソンのパンツのシルエットに助けられて、年々コーディネートがシンプルになっています。だって何を合わせても素敵に見えちゃうんだもの、なんてね！（笑）。

本当の贅沢

肌に触れるものこそ上質なものを

「本当の贅沢って?」

この歳になって、この質問の意味が身に染みます。

肌に触れるものこそ上質なものを選びたい。

本当にそう思うようになりました。

人はなぜ、誰かに見られるアイテムにはお金をかけられるのに、見られない部分はどうでもよくなってしまうのか。

それはきっと承認欲求があるから。そりゃ誰かに認められたいし、価値ある存在でいたいもの。

誰もがわかるブランドのバッグを持って街を歩き、素敵だって思われたいじゃない。

誰しもが持っている気持ちだと思います。

そして私もその中の一人。

わかりやすいロゴは好きじゃないけど、それぞれのブランドのアイコンは大好き。

アイコンとはブランドを象徴するようなアイテムのこと。

ブランドの魂を感じるし、なぜアイコンになったのか、そのブランドの歴史や理念、多くのことをアイコンであるアイテムが教えてくれます。

エルメスのスカーフやシャネルのチェーンバッグ、ヴィトンのモノグラム、サンローランのジャケットやマックスマーラのコート……。

そしてそれを身につけていると、そのブランドが今に至るまでのストーリーを知ったような気持ちになって、その果てしないロマンに自ずと自信が溢れてくるのです。

不思議よねぇ。自分はなにもすごくないのにさ（笑）。

そんなアイテムを大事にすればするほど、ここ最近気になるのは実はインナーなんです。

ここにこだわれるようになったら本気で大人だなぁ、と薄々気がついてはいましたが、予想していたより私は早く大人になれたようです。

長い目で見て本質的な考え方をすると、肌に触れるものこそお金をかけた方がいいはずです。

肌触りのいい下着はストレスフリー。そんな下着は快適で、体に負担がないだけじゃなく、気持ちよくて心まで幸せ。タイツやソックスも同じく、チクチクしたりすると一日中憂鬱ですよね。ここにこだわれるかこだわれないかではだいぶ違う。

日常のパフォーマンスから睡眠の質にまで関係してきます。

そして誰に認められる必要のないこのインナー類には、本当の意味で自分の好きが詰まっているはず。好きな色、デザインをこっそり思い切り楽しみたい。

自分しか満足しないので、認められたい欲は満たせませんが、その分肌が満たされるから巡り巡って最終的に心は大満足することでしょう。本当の贅沢って、もしかしたら自分の心でしか感じることのできないことなのかも。

もっとこだわってもいいかもしれませんね。

お気に入りの神戸オリエンタルホテルのパジャマ。誰に見せるわけではないアイテムこそこだわって。心が豊かな気持ちになります。

コンサバとモード

ほどほどが、いいよね

そもそもコンサバとモードってなんだろうか。

長らくスタイリストをしていても、ちゃんと定義してみたことはありません。だけどなんとなくみんなが共通に持っているイメージはあるんだよなぁ。

今日、コンサバだね！　と言われてあまり嬉しくはないから、モードのほうがポジティブな言葉なのかも。ただ、世間的にはコンサバ服のほうが絶対的な需要があるから、人気なのはコンサバテイストなんだろうな。

私が思うに、コンサバ服はベーシックなアイテムが多くて、社会性がある。ということはお仕事着としても需要があるので、着ている人数が圧倒的に多い、みんなと同じ、馴染《なじ》む、普通、そこにちょっとしたエッセンスでモテ服となる。

モード服はというと、ラグジュアリーブランドの高い服が多い、なのでデザイン性がある、個性的な色柄が多い、可愛いよりカッコイイを大事にしている、媚《こ》びない、ダークトーンでとんがっているので男子ウケが悪い。

ざっくりこんなイメージです。

なんだか、書き出すとちょっと頭がスッキリするなぁ。

そんな私はというと……部分モード使いのベースコンサバ人間です！

ベーシックという文句にめっぽう弱く、スタイリストでありながら、普通の服が大好き！（笑）。コンサバ最高！

むしろアシンメトリーな服とか苦手。どこから頭を入れるのが正解なのかわからない服とか、どうやって洗濯したらいいかわからない素材とか、とんでもないサイズのロゴとか……。心の底から楽しめる自信なし。

とはいえ普通のシンプル服を着ているとだんだん部屋着感が漂いはじめたので、コンサバをベースにしつつモードをひとさじ。

今はこのバランスが気に入っています。

出産後に訪れた第一とんがり期に続き、40歳を超えて第二とんがり期に突入か⁉

この年齢になり、今までのように、可愛いから！　で服を買わなくなりました。

未だに失敗もするけど、本当に着るもの、たぶん着ないものは、昔よりわかっています。

そして、今服選びで最も重要なのは、着心地。

苦しくて、ゴワゴワして、重い服は、着なくなること間違いなし。

今、選びたいのは柔らかくて、肌触りが良くて、軽い服……。

リネンや柔らかいコットン、軽いウールやカシミアなど天然素材のもの。

そんな素材ならストレスなく一日過ごせます。

わかっているんですよ、大事なのは着心地だって。だけどたまに寂しくもなるんです。

ナチュラルすぎやしないかな、つまらなくはないかな、部屋着に間違われないかな……心配はつきません。

そんな時は、いつものコンサバ服にモードをひとさじ。

どこかをとんがらせてみてください。あっという間にすべてが解決するはずです。

それは例えばマルジェラのタビバレエ、ドリスのブーツ、ジルサンダーのバッグ、ティファニーのボーンカフなどなど。

一点投入すると、全体が締まっていい感じ。

たとえ部屋着でも、もうそうは見えないはず。まずはひ、と、さ、じ、というのがポ

コンサバ最高！　みんな同じで何が悪い!?　だけど、ちょっとだけ個性も出したいのよね。そんな時はこんな一癖アイテムが丁度いい。

イントです。個性的なアイテムたちなので、ふたさじ入れたらどうなることか。少しずつお試しくださいませ。

コンサバとモード。

この2つをほどほどに共存させる！　が、これからのオシャレのヒントになりそうです。

ダウンサイジング

デカけりゃいいって時代は終わりました

大は小を兼ねる。

バッグや靴でサイズに迷ったら、いつもこの言葉が浮かびます。

大きい方がどうにかなる。

そう信じて私は長年〝大〟を選び続けてきました。

大きいバッグならばより入るし、靴も大きい方が厚手の靴下が履けるし、最悪中敷《なかじき》で調節することも可能。

そうやってものを選んできたわけですが、最近思考が変わりました。

色々ダウンサイジングした方が今後生きていきやすいんじゃないかと。

特に家。

ダウンサイジングが気になり始めたのは、大きな家に住み快適なライフスタイルを送っていたはずの先輩がコンパクトな家を探していたことにびっくりして。

あんな素敵な家なのに⁉

きっと誰もがそう思うはずですが、昔と住む人数が違うからこんなに大きくなくていい、掃除が大変、自分で把握できるものだけと暮らしたい、ミニマムに、軽やかに生きたい……とのこと。まぁ、納得です。

この話をきっかけに、私もダウンサイジングできるものはないかと考えてみましたが、逆に家と財布以外のものは全てできることが判明しました。

家はむしろこれから子供が大きくなるタイミングでもっとスペースが必要になるでしょう。財布に関しては何度かミニサイズに挑戦して、未だ長財布。これはもう今の自分に絶対に必要なサイズなんだとあきらめました。

それ以外を除いては、もうそれはそれはダウンサイジングしがいのある奴ですよ、私は（笑）。

とにもかくにもまずは服。引っ張り出すと、出てくる出てくる。それも同じようなものばかり。

これはもはや収集癖なんだろうか。スタイリストという職業を言い訳にして、よくもここまで集められたものです。本当に着るものだけ残すことができたら、どれだけ部屋も心も軽くなるでしょう。想像するだけでキラキラしちゃう。

私にとっては全部違うものでも、そうは見えないですよねぇ。何度かパジャマ（二軍）にしたはずなのに、いつの間にかまた一軍に戻ってきてる…。恐るべき復活を遂げてしまうのもボーダーならでは。

ただこのダウンサイジング、心を無にしないとできそうにありません。

似たようなものだって一つ一つに思い出があるから。

そしてこの〝捨てる〟という行為に罪悪感を感じてしまうんです。

よく考えないで買ったものだから、よく考えずに捨てられたらいいのですが、そこはもったいない精神とモノにも何かが宿っている気がして、申し訳なさすら感じてしまう……。

これではダウンサイジングが進まない！

どうしたら捨てることを前向きに考えられるかにしばらく悩み（5分くらいね）、捨てるんじゃなくて、誰かにあげる、売る、ことにしたらどうだろう、と。

私ではなくてもそのものを必要として大切にしてくれる誰かの元へ旅立つと考えたら、途端に申し訳なさは消えました。むしろ早く譲らなくちゃ。

「少しでも早く、必要なものを必要な人に届けたい！」

ダウンサイジングでヒーロー気分まで味わっちゃってる。私の謎の正義感よ。

そしてこうなったら私という人間はめちゃくちゃ行動が早いんです。せっかちとも言います。

それから作業スピードは格段とアップしたとさ。めでたし、めでたし。

それでも気が乗らない時はル・コルビジュェが亡くなるまで住んだ最後の家を思い出すことにしています。

カップマルタンの休暇小屋。家というよりは小屋に近くて、小さなスペースに生活に必要な全てが詰まっています。

そう、あの中にあるものだけで本当は暮らせるんですよね、私たち。

ミニマムに暮らしたい。そう願ってはいるんですけどねぇ。

まだあの境地に立つことはできないから、しばらくはクローゼットで格闘だな。

きっとそのうちに答えが見つかるでしょう。

今の自分に丁度いいサイズはなんだろう？

これからの自分に必要なサイズは？

常に自分に問いかけながら、極限までダウンサイジングができたらその時はご褒美に何か買っちゃおうかな（笑）。それじゃまたものが増えるじゃないの！

インナー

見えないところ、結構見られています

インナーの話に通じるところはありますが、見えないところに気を使えるというのは大人であり、本当の意味でオシャレでもあります。

私は結構靴下を見ちゃうかも。

嫌なやつですねぇ。人の靴下チェックをしながら、たまに自分がとんでもないのを履いていたりしてビックリしますが（笑）。

靴を脱《ぬ》ぐシチュエーションがない限り誰にも見られることはないし、そんな注目されないところにお金をかけてもったいなくない？

そんな考え方もあるでしょう。だから靴下なんです。

トップスやボトムはきっとそれなりにみんな気を使っていると思うので、靴下みたいに見えないところって一番その人の本質が出るんじゃないかしら？

ある人はいつも同じ白の靴下だけど、きちんと洗濯された印象はとても清潔感

があるし、几帳面な性格が出てる。同じ靴下を何足も持っている人にはこだわりや頑固さを感じたりしますし、コーディネートはシックなのに靴下の色や柄で効かせてる人は、細かいところまで気が使える人なんだなぁと感心しますし、実は遊び心のある人なんだなぁ、と、好印象を持ったりして。逆に、いつも素敵なコーディネートの人が靴を脱いだ途端、あれ？　となることだってあるんです。

擦《す》り切れたり、穴の空いた靴下はやっぱり格好悪いので潔く処分しましょう。とんでもなくお気に入りなら、ちゃんと繕《つくろ》って、ルームソックスにするのもあり。こんなふうに靴下チェックをしている嫌なスタイリストがどこかから見ているかもしれないので、みなさん、気を緩《ゆる》めないでね（笑）。

ちなみに見えないところはインナーや靴下に限りませんよ。携帯やネイル、化粧ポーチやガジェットケース、PCの画面まで。こういうものは本質が出やすい。と、書きながら、このiPadの画面の汚さにギョッとしています。恥ずかしいので今慌てて拭《ふ》いていまーす。

2章

からだのこと

無理せず私らしく

背中

お母さんの優しい背中、気づいたらお父さんのサイズ

油断してました。

試着する時は後ろ姿を必ずチェックすることがポイントです！

と、あれだけ色々な雑誌で言ってきたのに。

出産前の体重まであと3キロという状態でここまでどうにかやり過ごしてきました。そして、やっとやっとどうにか戻ったかと思えばとんでもないお土産《みやげ》が背中にのっていたんです。体重は戻ったのになんでなのさ。

最近の私は健康とオシャレに興味津々。健康のために無理しないオシャレがしたいし、ずっとオシャレを楽しむには健康な体が不可欠。どちらも同じくらい大切、ということで始めたピラティス。体のラインがしっかりと出るような服でレッスンを受けることが多いのですが、ある時自分の後ろ姿に愕然《がくぜん》としたんです。

あれ？　お母さんの優しい背中……を、通り越してお父さんの背中じゃない

か！

なんて頼り甲斐《がい》のある大きな背中なんだろう……イヤ〜！

毎日全身ではないにしても鏡は見ているし、なんとなくできた吹き出物やシミやシワにはできるだけ対処してきたつもり。だけど、見えないのよ、背中は。三面鏡がないから後ろを向いて首がギリギリ回る範囲までしかチェックできないし、ボディクリームだって肩や腰は塗れても背中は塗れない。

ごめんよ、背中。あなたをずいぶん放置してしまったね。

誰にも気にかけてもらえなかったからか、きっと怒って？　寂しくて？　お肉を蓄《たくわ》えてしまったに違いない。

イケてるトレーニングウエアからのぞくたくましい背中を見ながら、「大丈夫、また一緒にキレイを目指そう！」と、最近はいつも心の中で自分の背中に語りかけています。これから誕生日や年末のご褒美スパの時には、「背中中心でお願いしますっ！」と、声を大にして言うからね。

まだ年に何度かしか注目してあげられないけど、気にしているってことは覚えててちょうだい。

お尻

後ろ姿美人は間違いなくお尻美人

数年前からお尻トレーニングが大流行しています。

女優さんやモデルさんなど表に出る人々はもちろん、それを支える我らスタッフの間でも。

ふふふ。裏方なのに意識高いでしょう。

でも裏方だからこそ、意識を高く持っていないと一緒にステップを上がっていけません。

仲間とはそういう価値観を共有したいじゃない？　それにいくつになっても〝美〟への探究心は忘れたくないし、健康のためにもオシャレのためにも、体を鍛えることは今後習慣にしていきたいものです。

そこでなぜお尻なのか。

とにかく細いが正義だった時代は過ぎ去り、ファッション界もより健康的で個性的でありのままのナチュラルな雰囲気がカッコイイ！　という新しい時代となりました。

最近では肌の色、体型、性別、年齢、本当にさまざまな人がモデルとなっているショーや広告を見かけます。

ＳＮＳでは、小柄だって、ぽっちゃりだって、その人それぞれのキャラクターを活かしてモデルとなり自分で発信することだってできます。

大切なのはその人自身。ファンになるのは顔やスタイルだけじゃなくて、その人自身が好きだから！

そんな時代がやってくるなんて本当に嬉しいねぇ。

私は元々まぁまぁお尻が大きいのですが、若い頃はコンプレックスで、どうにかお尻を隠そうと必死でした。

なんなら男の子みたいなぺちゃんこなお尻になって古着のリーバイスをブカブカと余らせて履いてみたかった。

そんな中、私のお尻を褒めてくれる人もいました。

ブラジルハーフのそれはそれはひざ下の長い美しいモデルたち。やはりお国柄なのか、マコちゃん！　お尻いいねぇ〜！　と、会う度に言ってくれたものです。

なぜあの時、新しい価値観に切り替えられなかったのか……。

若き日の私がもっと柔軟に考えることができたら、自分のお尻をチャームポイントにしていたに違いありません。

しかし時すでに遅し。巻き戻せません。

だけど、これから愛するのだってまだ間に合うはず。大丈夫、お金と筋肉は裏切らない、と何かで読んだことがあるし。

特にお尻専用のトレーニングはしていませんが、だんだんとお尻が四角くなり始めていることには気がついています。

気がついているだけで努力しないのは性格的に許せないので、次は時すでに遅しにならぬよう、明日から始めよう！

……ってここ数ヶ月自分に言い続けているんですけどねぇ。

お尻だけじゃなく、心も四角くなりたくない
ものです。どうしたら丸くいられるか、これ
が今後の課題になってきそうだなぁ。いつま
でも、まぁるく可愛くいたいものですね。

姿勢

大体の服は良い姿勢で着こなせちゃいます

後ろ姿美人で欠かせないものがもう一つあります。

それは〝姿勢〟。

姿勢がいいと、凛として真っ直ぐ芯の通った人というイメージ的なものもありますが、単純にピンと伸びた背中は若々しく見えるし、はつらつとした印象です。

良い姿勢の時、筋肉も内臓もあるべき位置にあるので、循環もスムーズ。

循環がいいと体の機能が正しく働きます。

だから正しくキレイな姿勢は一番身近で簡単な体のアンチエイジングだと思うんです。

だけどこれがなかなか難しい。

ピラティスの先生に、これが正しい姿勢です、と言われてもキープしているだけで辛い。そのくらい普段からずれていることよね。ずれてそれが癖となってしまったんだろうなぁ。

姿勢良く立つとか、歩くとか、簡単に聞こえちゃいますがこれには訓練が必要そうです。

まずは意識しないと。とにかく頭の中でたくさん素敵な姿勢をイメージして、私もこうなりたい、と追求せねば！

そこで私がイメージするのはバレリーナ。

昔、バレエやってた？

姿勢がいい人に質問すると大体がYES。昔の癖？　が抜けないようで、子供の時に少しだけ、なんて人もまだまだキレイな立ち姿。

こんないい癖なら生涯続けていきたいものです。

そして何と言っても服がキレイに見える。

キレイに服を着ている人を見ると、値段じゃないんだなぁ、と改めて思います。

大事にメンテナンスされた服を姿勢良くキレイに着ていれば、他に何もいらないのでは？　高価な服じゃなくても何倍もその人を素敵に見せてくれます。

姿勢が良くて困ることは一つもありません。

おしゃれに迷って困っているなら、何か新しいものを買う前に、一度背筋をピ

意識したり、トレーニングしたりするのは大変だけど、良い姿勢を手に入れたらそれだけでイメージが変わるなんて、もしかしたらラッキーかもしれませんよ。あれこれオシャレについて考える前に、まずはいい姿勢！

ンと伸ばして出かけてみてはいかがかしら?

いつも見ている景色がいつもより明るく、心が前向きになるのを感じることができると思います。

姿勢って、本当に大事。

ひざ

早めにあきらめよう、それは大事な決断

スタイリストという仕事をしていなかったら気がつかなかったかもしれません。モデルはひざが小さいってことに。

メイクやヘアスタイルは○○風、みたいに真似っこできるかもしれないけど、どうにもこうにも真似できないのは身長と〝ひざ〟だな。

ただ、そんなモデルさんでさえショートパンツを私服で履いている人は少ない。トレーニングの行き帰りだとか、とてつもなく暑い日だとか、海辺での撮影をのぞいては。

あんなにキレイな脚なのに、小さなひざなのに。

その脚なら私が履きたいよ！　と思ったりしますが、もしあの小さなひざを私が持っていたとして、私はひざを出すだろうか、と考えてみました。

いや、たぶん出さないな。

なぜなら、着ていくところが見つからない。

プールやリゾートなど、非日常を楽しむようなところでなら、今のひざだって出しちゃうけど、そんなシチュエーションでは服もちょっと非日常。だから出せるのよね。

ひざはきれいだから出せる、というものではなく、大きく関わってきているのはTPOでは？

安室ちゃんが一世を風靡《ふうび》した高校生時代。オリーブ少女だった私も、あの大きな波には逆らえず、制服のスカートを短くしました。

あの頃は何の責任もなく、迷いもなかったのだもの。

ただ、今の私は違います。社会人であり、母であり、守るべき人がいる！　ヒーローか（笑）。

突き抜けた格好を迷いなくできるのなら、きっとそれも正解。

大丈夫、そういう人は自分で自分をちゃんとプロデュースできるから。

だけど、どこまで短いボトムが許されるのか迷っている人のほうが過半数ね、きっと。

「ショートパンツは何歳まで履いていいですか？」

よくいただくこの質問に、私なりに答えを出してみました。

ひざを出してOKか否かは年齢ではなくシチュエーションだと思うんです。

ファッションは自由なもの。ルールもなければ正解もない。だから楽しいんだけど、だから迷うんですよね。

ここは潔く、タウンでのひざ出しは早めにあきらめる、というのはどうでしょう？

そして出せるシチュエーションでは思いっきり楽しみましょう、ショートパンツを、ミニドレスを！

ファッションも気持ちもメリハリが大切。

40歳を迎えた今だからこそ、女性として、母として、スタイリストとして、ひざの出しどころを間違ってはならぬ。と、特に夏場は自分によく言い聞かせています。

まぁ、たまに出てても許してよね。

膝を出す出さないの問題より、大事なのはTPO。Time（時間）、Place（場所）、Occasion（場面）。これさえおさえておけば大人のオシャレは90%完成。残りの10%はって？　遊び心かな！　お気に入りのロエフのショートパンツ。

二の腕

出せるところは出していこう

ひざと共に、最近出してない部位の上位です。

いつのまにこんなにたくましくなったのだろう……。

嫌になっちゃう。

たくましくなったから出さなくなったのだけど、出さないうちにますますたくましくなったような。恐怖の無限ループ。

二の腕のシルエットが丸くなると、全体が丸く見えてしまうので、ここはスラリとしているほうがカッコイイ。

以前、欲しかったジャケットを試着しに行ったら、薄く肩パットが入っていて、なんとなく古臭くて嫌だなぁと思ったのですが、試着してみると、肩のポイントが上がり、腕が長く見えて、あれ？　これ、いつもよりスラッと見える！　と、嬉しくなりました。

ファッションは何度も巡ってくるものだから、古臭いなんて言ってたらいつのまにか最新のシルエットになっていたようで。そんなのよくある話です。外国人のように背が高く、骨格がしっかりしている体型であれば、たくましい二の腕は逆にカッコ良かったりします。

ちょっと日焼けしていたりすると、さらにヘルシーでリッチな雰囲気。ジャクリーン・ケネディが大きなサングラスをかけてノースリーブのワンピースを着ているスナップ写真は何度見てもカッコイイもの。

少々たくましくてもその人のキャラクターに合っていたり、本人が気にしていなければ何も悩む必要なんてないのですが、どうも私を含め我ら日本人女性は控えめなようですねぇ。

肩や二の腕は、とても女性らしさを出せる部分だと思うので、シチュエーションによっては是非とも出したい！　と、思うのですが、まだちょっとキャラクター不足なようでして。体型も雰囲気も、上手くバランスがとれそうにありません。でもいつかの為にこっそりトレーニングはしています。

雰囲気では着こなせそうにないので、とんがった肩のラインを作ってからしれっと出す予定です。

もちろん出す場合はワキのケアを忘れずに！

ケアが面倒だから腕を出したくない……という方もいると思います。

そんな時は、潔くあきらめるのが正解。ケア無くして二の腕を出すべからず、です。

とにもかくにも清潔感！

40代からのおしゃれは清潔感あってこそ。

今のところ、二の腕をあきらめている私はデコルテに頼りっぱなしです。

シャツやVネックなど、縦にあいているものや、ボートネックみたいに横にあきがあるものを着るようにしています。

デコルテにあきがあると、袖があってもすっきり見えるもの。

無理に頑張らず、出せるところを探したほうが、今の自分に似合うファッションが見つかるはずです。

ただ、デコルテも出せばいいってものではありませんので露出の具合にはご注意を。

どのタイミングでどのくらい肌見せするかは人それぞれ。出せるところは出して、しまうべきところはしまう。このくらい潔く考えられたら、私たちもっと肌見せが上手になっているはずよね。

手
いつのまにかお母さんと同じ手に

短くて節々の太い色気のない小さな手。私の手は、そんな手です。

学生時代、バレーボールさえやっていなかったら……と、何度もバレー部を呪ったけど、バレーボールをやってこなかった母の手も同じ手だから、部活は関係ないものと思われます。

遺伝かなぁ。

だからってこの小さな手が嫌いでもないんだよなぁ。

小さな割には大きな荷物を持つこともできるし、冬の水仕事も立派にこなせる。

仕事ではボタンも上手に素早く外せるし、スニーカーの紐なんて20代のアシスタントたちより早く結べる自信もある。

愛おしい働き者の手じゃないか。

私が愛してあげねば。そしてケアしてあげねば。手も肌や髪と同じく時間やお金をかけてあげればちゃんと復活するものなんでしょうかねぇ。

そんな期待も込めてとにかくやってみよう。

考えなしに行動するのは私の長所であり短所でもあります。

でも1%でも2%でも可能性があるならやってみるべきじゃない?。

なんだって可能性をゼロにしているのは自分だってことをお忘れなく。

まずはお馴染みのハンドクリーム。塗ると塗らないでは天と地ほど違う。砂漠に雨が降ったぞー!

ふっくらとみずみずしくツヤもハリも出るのでこれが一番身近で簡単なケア。しっとりとした肌とうっとりした香りは視覚と嗅覚を刺激し、手だけじゃなく、心も潤してくれている気がします。

そんな一手間を自分にかけてあげられるってことが今は何よりの喜びよね。

きっとみなさんは当たり前のようにしているのかもしれませんが、このへんのアンテナを立てずに生きてきてしまったので、私、美容に開眼したのは割と最近なんです。

忘れてしまいがちなハンドクリームを習慣化できるようになったら、手の美容液だとか、パックだとか、ネイルオイルなんてオプションもありますぜ。

調べると色々出てくるので、最近ハンドケアは人気なのかもしれません。手は首と同じくらい体の中で年齢が隠せないパーツだと聞いたことがあります。特に、そして四六時中自分の目に入ってくる部位です。

だからってわけじゃないけど、結婚指輪や受け継ぐジュエリー、お守りジュエリーは指輪が多いと思いませんか？　ネックレスやピアスももちろんいいけど、意識しなくても目に入ってくる指輪なら、見る度にやる気も出るし、守られている気持ちにもなれる。

そう思うとなおさらちゃんとケアしていたい。

できる限りの努力はしつつ、やっぱり母と同じ手になるんだろうなぁ。

あーあ、とふてくされながらなぜか誇らしいのは、そんな母の手が大好きだからでしょうか。

手がみずみずしいと心まで満たされる。一番目に入る場所だから、余計意識した方がいいかもしれない。なんだか手を見られるのが恥ずかしい。私の生きてきた道をまるまる知られてしまうようでさ。

肌

なるべく、できるだけ、そのままを大切に

元々肌は強い方です。青春時代、ニキビに悩まされたこともないし、特に苦手な化粧品もない。なのでそんな私が言っても説得力がないと思いますが、これだけは実感としてあります。

ファンデーションは重ねれば重ねるほど、老けて見える。

でも隠したくなっちゃうんですよねぇ。人がなんて言おうが、自分が気になったら最後。小さなシミもシワも吹き出物も、この世の終わりみたいな気分になるものです。

どうにか隠さねば。なかったことにせねば！

そう焦って何でもかんでも塗ってしまうのが人の心理よね。

私も熱心にコンシーラーでシミやクマを隠していた時がありました。この隠すという作業、私がメイクがド下手という可能性も捨てきれませんが、重ねたては

どうにかいい感じに仕上がっても、小一時間もするともったりと重たく、よれてドロドロ、目尻なんかコントのおばあさんみたい。むしろ書き足したのかと思うほどクッキリとシワを際立たせてくれちゃってます。

塗りたくって、隠しまくっていいことは一つもありません。

キレイになりたくて一生懸命メイクしたのに、そんなの悔しすぎる。

だからメイクに頼るのはやめました。今の私に必要なのはプラスのメイクではなく、〝基本のき〟である肌作り。

え？　今さら肌作り!?　と、驚くことなかれ。

いくつになったってあきらめてはいけませんよ。時間とお金をかけた分だけ、ちゃんと肌はこたえてくれるはず……よね？

そして自信が出てくると、今度はどんどんメイクをマイナスしていける。

これってオシャレの法則にも通ずるものがありますよね？　スタイルが見つかるとどんどんシンプルになる……みたいな。

今は色つきの日焼け止めだけで過ごしています。

これが一番シンプルで簡単、ナチュラルな仕上がり。

ここにくるまではもちろん努力しました。美顔スチーマー、電気バリブラシなど家でできることから、美容鍼《ばり》やヒト幹細胞など。プロの手を借りることまで。トライアンドエラーを繰り返しながら、自分にどんな美容が合っているのかをだんだん見極められるようになったようです。

健康な肌を手に入れたらあとはキープするだけ。頑張ればちゃんとかえってくることを知っているから努力も惜しまずできるってもんです。

あれこれ調理する前に、まずは素材からね。

まずは自分の持っている素材を一番いい状態にしてあげなきゃ！　素材が良ければ、塩、コショウでも立派なお料理になるはず。

シミやシワはありますが、20年前の不安定な肌よりよっぽど今の肌の方が健康的で気に入っています。

「確かに私の顔にしわも増えました。
ただ、それは私が
多くの愛を知ったということなのです。
だから今の顔のほうが好きです」

オードリー・ヘップバーン

くすみ

肌が暗く見えるだけじゃなく、印象まで暗くします

元アシスタントが鹿児島から面接にやってきた時、とんでもなくファンデーションをこってり塗っていました。

ニキビを気にしていた彼女は私に会うために一生懸命メイクして来てくれたのです。その気持ちが嬉しくて、その時は言いませんでしたが、あの時の顔色のこと、今となっては一緒に笑い話にしています。若いのにくすんでたなぁ（笑）。

その時まだ20代の前半だった彼女は私の目には30代に見えたし、ファンデーションの力をすごい、と思ったと同時に、怖い……とも思いました。

使い方次第ではコンプレックスを隠す魔法のアイテムにもなりますが、老け顔作りに欠かせないアイテムとも言えますな。20代の若者にもそんな効果を発揮しちゃうんだから、今の私にこってりとファンデーションなんか塗ったら一体どれだけの貫禄が出てしまうことやら。

顔色、というのは大きく人の印象を左右すると思うんです。なるべく肌のトーンを明るく見せて、はつらつとした印象を持たれたい、と誰もが願っています。

だけど、それは上から隠すのでは解決しないんです。それどころか塗れば塗るほどツヤは失われ、本来自分の肌が持っているトーンからかけ離れていってしまう。

毛穴は詰まり、呼吸のできない肌はさらにトラブルを起こす……。

私にも経験があります。昼夜が逆転していた20代、タバコをたくさん吸っていた時期は、肌コンディションが最悪でした。

常に乾燥していて輝きはなく、ワントーンもツートーンも暗く見えました。はつらつとした印象、とは対極の不健康顔。

肌だけでなく表情にもそんなどんよりとした雰囲気が出ていたと思います。

今は薄づきの優秀なカバーアイテムがたくさんあると聞きますが、あの頃は隠すとなったらこってりテイストしかなかったのよね。

実は美容熱を再燃させてくれたのは〝健康〟なんです。

基本何もかもは〝オシャレしたい〟ベースで考えているので、歳を重ねてもオシャレをするためにプラスになることは何でも前向きに努力したいと思っています。

出産を機にタバコはやめたし、とにかくよく眠るようになりました。今でも22時にはベッドに入ります。

そして足りなかったのはビタミンだと確信しています。仕事をしながら片手間でとる食事に、あの頃の私を支えられるビタミンが十分だったとは思えない。

今は食事の栄養にも気をつけつつ、ビタミンのサプリを摂っています。

そこに眠りが加わったら……最強!

毎日本当に元気ですね? 何か秘訣があるんですか?

そんなふうに聞いてもらうことが多くなりました。

ストレスをためず、たくさん眠ること。ビタミンをたくさん摂ること。

と、お返事しています。

このストレスも大きくくすみに関わっているはず。心のモヤモヤは肌と繋がっているのかも。モヤモヤは早めに振り払って、常にクリアで透明な心と肌を目指しましょ。

シワ

くすみは老けるけど、シワは可愛い……よね？

くすんだ肌にいいことは一つもないけど、シワは前向きな意見もありますよね。その人が刻んできた幸せな時間がシワに刻まれている、とか、よく笑って過ごしてきた証だ、とか。

シワは見方によれば年齢だけじゃなく経験や知性の象徴にもなり得ます。

確かに同じ年頃でシワが全くない人がいたら、ちょっと人間味に欠けるといいますか、それってその人の面白みみたいなものとも関わってくる気がするから、たとえとんでもなく美しかったとしても、もしかしたら魅力的に見えないかもしれません。

そう思うと、シワって可愛いことだらけじゃないか。

頭ではわかってはいるんだけどねぇ。

ここ最近のボトックス流行りを目の当たりにしたら、人が素直にシワを受け入れられないのは間違いないわけで。

それは愛する誰かのためなのか、自分のためなのか。

もはや誰かのためじゃなく、イマドキの当たり前のケア方法なのかも。

自分に針を突き刺してでも、簡単にシワを受け入れてなるものか！　ボトックスには侍《さむらい》魂すら感じます。

だって、痛そうじゃない。

私はもともと注射が大っ嫌いでして。もし飲むバージョンが出たならどんなに不味《まず》くてもごくごく飲み干す自信はあるんだけど……。

なので私はボトックスの摂取方法がもう少し進化するまではおあずけになりそうです。ただ、年齢的なものか、同世代の知人友人達はぼちぼち始めています。意外にも食いしばりの治療として歯科でボトックスを打ったという人も。

驚くべきはその誰もがボトックス最高！　となっていること。

このカリスマ性はなかなかのもの。

そしてみんなボトックスのボの字も感じさせないほどナチュラルな仕上がり。

やりすぎてとんでもないことになっている海外セレブと全然違うじゃない！

私の周りであまりにも急速に当たり前化したことなので、自分の中で処理しきれていませんが、やり方さえ間違えなければ、女性に勇気や自信を与えてくれるものかも、くらいには思えるようになりました。

私が目指しているのは、お人形みたいにツルツルの不自然な肌ではなく、もう少し自然なシワが刻まれた肌ですが、きっとボトックスしてる人もここを目指してるんじゃないかなぁ。

シミ取り、シワ取り、ホクロ取り。なんだって取れちゃうご時世ですから、どこを目指すかは自分次第ってわけですよ。

髪

女性が、私が、薄毛になるなんてあり得ない！

そんなふうに思っていました。

おめでたいことに長いことずっと。なぜそんなふうに過信していたのか……。

髪が寂しくなるのはおじさんの役目で、まさかおばさんにも降り掛かってくるだなんて、誰も教えてくれなかったもの。

そう、本当に気まずいことは誰も教えてくれないもの。

自分で身を持って知った時にはすでに災難が始まってしまっているんです。

あーあ。

計画なしに髪を染めたり、パーマが気に入らなくてさらにパーマをかけたり、若かりし頃の私に何か言えるとするなら、「髪の毛は大事にしなさいよ」かな。

そのくらい今、あの頃の自分を恨んでいます。

まぁ、やんちゃをしなくてもこうなっていたかもしれないけどさ。

実は私、毛量は多いんです。子供の頃から三つ編みをすると綱引きの綱みたいで。

それがコンプレックスで、どうにか毛量が半分くらい無くならないかなぁ、なんて本気で願ったりしていました。

うねりのある癖毛で、硬く、乾燥気味。

色々なトリートメントを試したり、大昔は懐かしのパネルのストレートパーマをかけたり、一応努力はしてみましたが、サラサラ髪をなびかせて過ごす青春時代は送れていません。常に引っ詰めの一本結び。バレー部副キャプテンには丁度いいヘアスタイルでしたけど。

初めて髪質が変わったと思ったのは30歳で留学したフランスで。

日本とは質の違う水のせいなのか、解放された環境のおかげなのか……。原因はわかりませんが、初めてサラサラのストレートヘアを手に入れたんです！

外国に住む日本人女性はサラサラの黒髪のイメージがありますが、もしかしたら水のせいかもしれません。あとは日本よりだいぶゆるい海外の美容室にトラウマがあり、二度と行くまいと決めて、自分でケアしているか。

そして二度目の変化は出産後。

確実に髪の毛は衰えました。抜け毛が増えたし、かすかに残っていた水分すら、赤ちゃんと一緒に産み落としてしまったのかも、と思うほど髪はキシキシでパサパサ。

ただ肌は本当に調子良かったなぁ。なんだって一長一短か。

今は技術も進歩して、ウネウネがサラサラになれる時代となりましたが、それも健康な髪があってこそです。

肌の回でもお話ししましたが、今の私たちに必要なことは持っている素材（自分の肌や髪）をベストな状態に戻し、本来の力を発揮できるようにすること。

そもそも元気のない毛にあれやこれやオプションを追加しても、あまり効果が実感できないしね。

手っ取り早くは効果なし。焦っても意味はなし。大人ならゆっくりちゃんと時間をかけて、育てましょう、増やしましょう、もう一度！

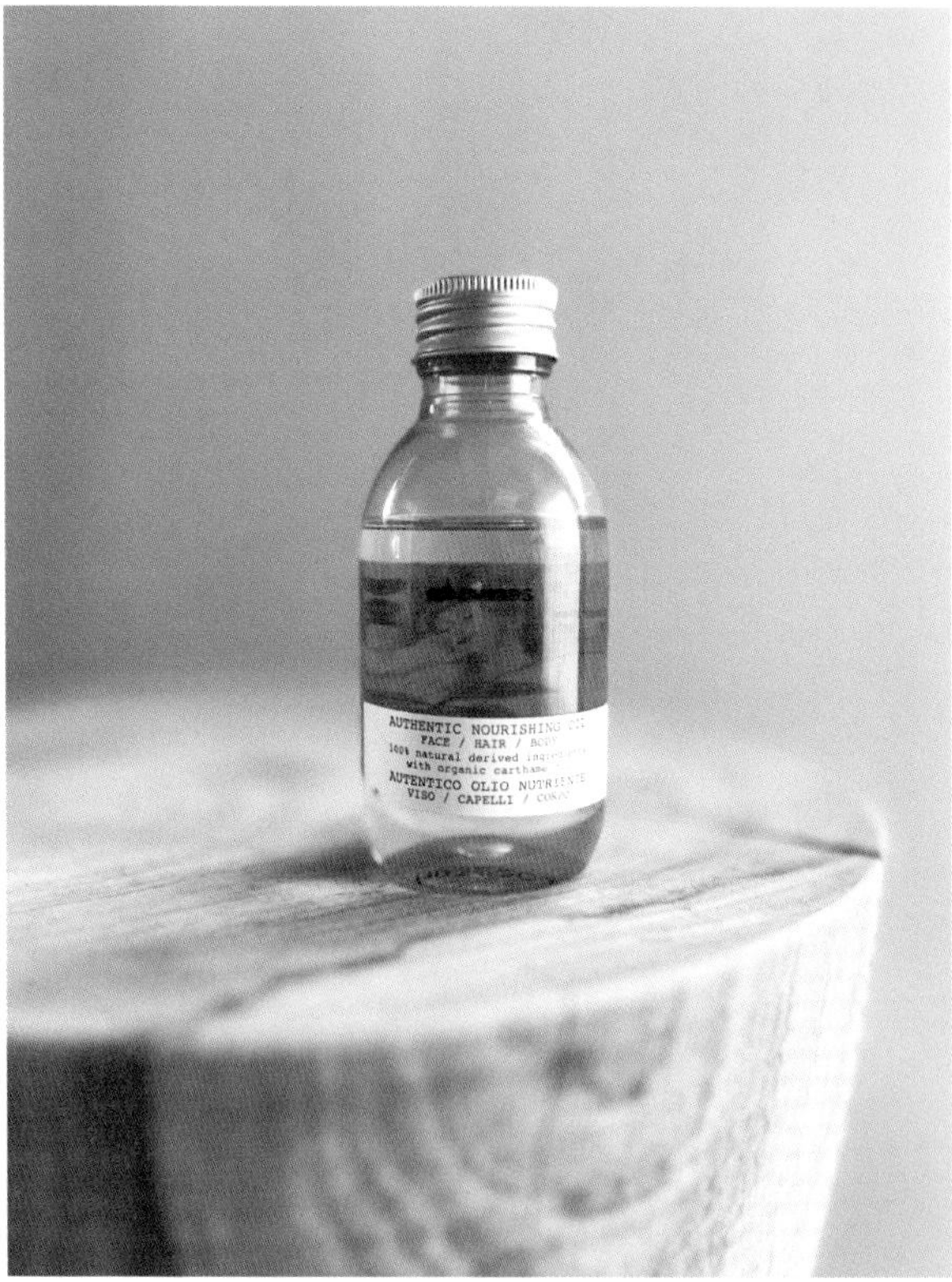

丁寧にヘアケアしなきゃいけないのはわかっているのですが、どうしても面倒なことができない。そんな私みたいな方、髪、顔、体、全部いけるダヴィネスのマルチオイルがオススメ。旅もこれ１本で済んじゃう！

目

メガネはセクシーなアイテム

まだ憧れのメガネを手に入れていません。

昔から目が良くて、メガネと一緒に人生を歩んでこなかったんです。

学生時代、黒板を見るために授業中メガネをかける子に憧れて、どうにか目を悪くしようと暗闇で本を読んだりと努力しましたが、逆に目も本来の機能を果たそうとかえって良くなっちゃったりして。

そんな〝メガネ憧れっ子〟として子供時代を過ごした私は、今もなおメガネに憧れ続けています。

本当にメガネが必要で、嫌いだった方もいらっしゃるでしょう。それを羨望の眼差しで見ていた奴がいたということを覚えておいてください。

私は無い物ねだりばかりで、自分が持っている物への感謝の気持ちが薄いのでしょうか。

まぁ、たいして何も持ってはいないのですが、目がいいというのは本来素晴らしいことです。それとメガネが好きというのとはちょっと違うんです。

ここからは私をおバカな人だなぁと思いながら読んでください。

もはや大人になった今はメガネをお色気アイテムとしても高く評価しています。

なんてセクシーなアイテムなんだろうか。

かける仕草も、目を細めたりする仕草も、やっぱりあの頃同様、カッコイイとしか思えない。

だけど、一つ違うのは目を悪くしたいなんてバカみたいな努力をしないこと。

目はいい方がいい。間違いない。

そう思えるようになったのは、メガネは目が悪くなくてもかけられると知ったから。

今や私の友人知人にも、目が悪くないけど、メガネっ子となった人がいます。

それはキャラクター作りなのかもしれないし、メガネをかけた自分の顔の方が好きなのかもしれないし、単純に落ち着くのかもしれません。花粉症やアンチエイジングのためにかけている人だっている時代です。目が悪くなかったらメガネを買ってもらえなかった子供時代とは違い、大人になればなんだって自分の判断でできるのよね。

私が持っているいくつかのメガネはブルーライトカットのPC対策用のもの。視力は落ちずとも長くPCを眺めていると目はショボショボしてきます。なんなら眉間《みけん》のシワも比例して深くなっています。

それって最悪。だから必要。

ということで作った人生初のメガネはブルーライトカットレンズ入り。この何かをする時にメガネ、というのがベストなんです。ずっとメガネじゃなくていい。きっとそれはそれで煩《わずら》わしいんだろうから。

わがままだよねぇ。

そして近々訪れるであろう老眼。見えづらいのはやっぱり嫌なんだけど、初めて本当の正当な理由でメガネを作れるんじゃないかとワクワクしている気持ちもあったりして。視力を測って、フレームを選んで、レンズを選んで……。

今までないがしろにしてきちゃったから、老眼が訪れるその日まで、今までの何倍も目にいいことをするつもりです。

マイファーストメガネはモスコット。普遍的なデザインとユニセックスな雰囲気が気に入っています。服もメガネもやっぱりメンズライクな物が好きなんだなぁ、私は。さて、老眼鏡もそろそろ準備しておこうか。

爪

爪は女性の一生を表す

最近爪についてじっくり考えてみたのですが、爪って女性の一生を表しているんじゃないかって。

大袈裟なんですが、私にとって人生の変化と共に変化してきた〝パーツ〟なんです。

私はこれ！　って爪に対して絶対のポリシーがある人はきっといつの日も変わらぬ爪と一緒に生きているんでしょうけど、私みたいに気まぐれに伸ばしたり伸ばさなかったり、ネイルしたりしなかったり、と、あまり爪に情熱を注いでこなかった人は、きっとその時々の環境により、丁度いい爪をなんとなく選んで生きてきたのではないでしょうか。

爪を伸ばしていた20代、上陸したてのジェルネイルに夢中になりました。ずっと色褪《いろあ》せない輝いた爪はとても魅力的で、まるで違う誰かの手になったみたい。

はじめてした時は、いつまでも自分の手を眺めていたっけ。

ただこのジェルネイル、私のライフスタイルとは相性が悪かったようで。伸びてどうしようもなくなっても自分で剥《は》がすことができず、なるべく爪を見られないように手を丸めて過ごしたり、それでも忙しくてサロンに行けなかったりすると無理に自分で剥がしたり削ったりしていました。

そんな私の悪行が祟《たた》ったのか、爪がペラペラのペラに。あまりにも不恰好になってしまったので、それからは怖くてやっていません。

今はもっと簡単で、爪に負担も少なく、家で自分でもできるジェルネイルがあるそうで。いつかまた挑戦したいものです。

30歳になり留学した先のパリで、みんなが赤リップならぬ赤ネイルをしていたのが印象的でした。

それも私が美しいと思っていた長い色気のある爪にではなく、とーっても短く切り揃えられた丸い爪に。

このオシャレ七不思議はまだ自分の中で解明できていませんが、ヨーロッパの女性にとって長い爪は魅力的ではないのでしょうか？

帰国してからも外国人モデルで爪の長い人にはほとんど会ったことがありませ

ん。

それとも日本人である私たちがネイルに対して並々ならぬこだわりを持っているとか⁉

郷に入っては郷に従え。

パリでは私も爪を短く切り揃え、真っ赤なネイルをすることが多くなりました。

新しい自分に出会ったみたいで嬉しかったなぁ。

真っ赤なネイルをしているとTシャツにデニムでもちょっと特別な雰囲気を醸し出せるということを知ったのもこの頃です。

帰国して結婚し、出産をしてからはこの赤ネイルをしばらく封印していました。

赤ちゃんがいる生活と赤ネイルはいまいちしっくりこなかったから。家事や子育て、という仕事にネイル自体がフィットしない感じがしました。とにかく時間がなくて、爪にかまってなんかいられなかったしね。

だからいつも素爪。

これはこれで清潔感があって気に入っていましたが、ふと寂しい気持ちにもなったりしました。どうにか赤のペディキュアだけはキープしていたので、そんな時は自分の足の爪を見て、「ふふふ。」と心に何かを取り戻していました。

ネイルの色味も大切ですが、シャネルのボトルを見ているだけで気持ちがワクワクしてくる！　自分がどういうものに心惹かれるのか、ときめくものを知ることも人生においてとても大切なことだと思っています。

今思い出すだけでもゾッとするシーンです。頑張ってましたねぇ、私（笑）。

そして自分時間が持てるようになった今、選んだのはなんと淡いピンクベージュ！

自分で言うのもなんですが、ピンクが似合う人生とは真逆な人生を歩んできました。

どこかロックで自由な赤がやっぱり似合うんじゃなかろうか、と何度も試しましたがやっぱり今はピンクがいい感じ。

しかもビビッドではない淡いピンクベージュが。肌の色、手のシワ、私が持っている雰囲気、そのすべてが今優しいピンクを必要としています。

まだまだこれは人生の一部。

また赤が似合うようになるかもしれないし、もうネイルはしなくなるかもしれない、もしかしたらデコっちゃう可能性だって。

とにかくワクワクするような一生をこの爪と過ごしていくつもりです。

よろしくね～。

痩せる――本当に痩せるのがいいこと？

カリカリの体にメンズの下着。

カルバンクラインの広告にケイト・モスが現れた瞬間、世界中が恋に落ちてしまい、私もあんなふうになれたらとダイエットブームが起こりました。

あれはズルイよ。

衝撃的にカッコよかったもの。私も色々なダイエットをしたなぁ。リンゴだけ食べるとか、今思うと「何それ⁉」だけど。あの頃は真剣に痩せたかったんだもの。

しかし時は経ち、今やぽっちゃりさんだって、小柄さんだって関係なく、モデルとして発信することができる時代。

大切なのはスキニーな体だけではなく、それぞれが持っているキャラクター。

最近は女性向けのシャンプーやコスメブランドのアンバサダーに男性が就任し

たりしているので、今まであたりまえのように引かれていたボーダーラインが、どんなタイミングでボーダーレスになるかはわからないもの。

多様性を軸に価値観が急速に変化しちゃって、ついていくのがやっとです。だから若かりし頃の私のように、カリカリのケイト・モスに憧れて、これからはリンゴしか食べない！　なんて宣言する若者はもういないんだろうなぁ。

でも何気に楽しくもあったのよね。

憧れに近づくために努力をして、時には成功したり、時には大失敗して逆に体重が増えちゃうこともあったけど、まだ体力があったので、よっぽどじゃない限り取り返しはつきました。でも今はどうでしょう？

ただ痩せることに魅力を感じません。むしろ痩せることにくっついてくるリスクが恐怖でしかない。

より老けて見えたり、不健康に見えたり。

それに大人の女性は、ちょっと丸みがあった方が幸せそうでいい、なんて意見もあるくらい。

大人が痩せるなら、食べ物でも運動でもいいからそれなりの知識を身につけて美しく健康的にじゃないと、病気を疑われ周りの人にいらぬ心配をかけることになりかねない。

服に関してもそう。

痩せた体に似合う服ももちろんありますが、今の体に似合う服も必ずあります。

それを心から好きになれないなら努力の必要はありますが、それなりに好きになれるのなら、この体型、この顔に似合うものを探求していった方が楽しいはず。

私は自分の母を見る限り、たぶんこれからカリカリに仕上がっていくような気がしています。大切なのはぽっちゃり仕上がりでもカリカリ仕上がりでも、健康に見えること！　ハッピーに見えること！

3章

これからのこと

スタンダードを更新する

整理

まずはクローゼットを見直してみる

ここ数年、ずっと〝整理すること〟が気になっています。

整理とは、

「乱れた状態にあるものをかたづけて、秩序を整えること。不必要なものを取り除くこと。」（『広辞苑』より）。

要するに必要なものと必要じゃないものに分けましょうよ、私が気になっているのはそういうことです。

そもそも留学した時はトランクいくつかの荷物で暮らせていたわけだし、ものをたくさん持っているのがスタイリストの仕事ではないはず。

むしろ少ないものの中で素敵なコーディネートを作るアイデアを考えるのがこの仕事で私が一番好きなことです。そして得意なことだとも思っています。

だけど、帰国していつのまにかたくさんのものをため込んでしまいました。いるかいらないか判断するのは脳も時間も使うので、ため込んだ方が楽なんですよねぇ。

だからどんどん先延ばしにしてしまう。

そして判断を後回しにしているうちに身動きが取れなくなってしまいました。

このままではいけないなぁ。どこかでちゃんとクローゼットを整理しなきゃ、自分の心の中さえもクリアに見えなくなってしまいそう……。

そんなふうに真剣に考えるようになったのは、コロナでの自粛がきっかけです。

予想がつかない未来、漠然とした不安、私はどうなるのか、仕事は、家族は……。考える時間がたくさんあったので、毎朝人が少ない時間に散歩をしながらとことん考えました。

幸い、春の気持ちいい空の下だったので全く暗い気持ちにはならず、むしろワクワクするようなアイデアしか湧いてこなかったのですが。

クローゼットを見直すアイデアも散歩をしながら湧いてきたもの。まずはとにかく重い、硬い、痛いものにサヨナラをしよう、と決めました。

どんなに素敵でも、きっともう出番はこないと思ったから。

それは悲しいお別れじゃなくて前向きなお別れ。

素直にそう思えたのは気持ちのいい気候のおかげだと思うので、みなさん整理するなら春か秋がおすすめですよ！

サヨナラの基準は決めたものの、思い出のつまった小さなものならOKにしちゃうことも。

それを見てその時のキラキラした自分を思い出せるなら、それって女性ホルモンにもよさそうだしね（笑）。

そしてこの〝整理〟、始めるとなかなか大変！

とにかく時間と労力がかかります。

今まで後回しにしてきたことが、1日2日でどうにかなるはずもなく……。

始めて2日くらいで、これは1年かかるなぁと予想できました。

だから急がない。

無理をすると、この自由を手に入れるための素晴らしい作業がただの苦しいことになってしまう。

そして急がなきゃと適当に判断すると、10年後の自分がさらに苦労をしそうだしね。

時間はかかったとしても、少しずつ一つずつ手放していったら、いつか必ず軽

クローゼットで一番軽くできないエリア（笑）。すぐにサヨナラできなそうだから、せめて整理整頓しておきたい。一体何枚同じ服を持っているのよ？　母みたいな小言をいうことなかれ。全部まったく違うんです！

くなれるはず。

本当に軽くなれたその時、きっと自分の本質に出会えるでしょう。

楽しみすぎる。

そしてあの時期出会った素敵な本たちも、私に〝整理すること〟を勧めてくれました。

やましたひでこさんの「断捨離」関連の本、小川奈緒さんの『ただいま見直し中』。

私はファッションのアイデアを含め、楽しく生きていくためのアイデアを本から得ることが多いんです。

その2冊はどちらも〝整理すること〟を前向きに考えさせてくれる本でした。


クローゼットが軽くなることは心が軽くなること。

すると自然と感じられる変化が必ずあります。

最初はクローゼットですが、最後は心がスッキリする作業なんですよね、整理って。

マイベーシック

帰れる場所があれば冒険できる

これは色々なことに言えることだと思いますが、今回話したいのはファッションの話です。

シャツにTシャツ、デニムやワークパンツ、カゴバッグにバレエシューズ……。

長年かけて手に入れたマイベーシックアイテムたち。

このどれも私にとって心地よく、なんだかしっくりくるアイテムなんです。

単純に好きだし、自分らしいとも思える。

昔ながらの友達みたいに、自分のアイデンティティを思い出させてくれる大切な存在。

何年経っても変わらずにやっぱり愛せるのがベーシックアイテムの良さです。

私もこれらを見つけるまでに幾度となく失敗しました。

今思い返すと、あの迷いの中の自分が愛おしい。必死に探していたなぁ、自分を、自分のスタイルを（いいよねぇ、若者の自分探し。あのキラキラした目、大好き）。

あの頃探しても探しても見つからなかった自分の軸みたいなものは、時間や経験と共に感じられるようになりました。もしくは周りの人が教えてくれたりもしました。

自分がよく着るデザイン、選ぶ色は偏ってくるし、周りの人から〝らしいね！〟なんて言われると、今まで特別に思っていなかったアイテムにさえ、愛着が湧いてきたりするものです。

そんな色々な目線で見つかった〝らしい〟モノたちが、その人のベーシックアイテムとなり、クローゼットを彩《いろど》っていくわけですよね。今回そのクローゼットを〝帰る場所〟と呼びたいと思います。

ただ、ファッションというものは変わっていくから面白い、という面もあるんですよね。その中からまた新しいマイベーシックになりうるアイテムが見つかるかもしれないし。着たことのないデザインが実は体型に合うことを発見したり、似合わないと思っていた色が肌色にしっくりきたり……。

ファッションももちろん変化しているのですが私たち自身も変化しているので、

私のベーシックアイテムたち。特にブルーのシャツは自分らしいアイテムだと思っています。ブルーのシャツを着ている人を見かけると私と間違えちゃうって友達に言われて嬉しかったなぁ。“らしい”ってことよね！

意外な発見があるものなんです。

だから挑戦は続けていきたいと思っています。また新しいベーシックアイテムが見つかるかもしれないから。

ファッションはずっとトライアンドエラー。

でも、スタイルを必死に探していたあの頃とは違いますよ。

今の私には帰る場所「クローゼット」があります。失敗しても、おかえり、と出迎えてくれる私のベーシックアイテムたち、いつもありがとう。

おかげでこれからも思い切って失敗できます（笑）。

マダムとおばさん

いつから、おばさん？

子供の頃、どんな大人になることを想像していましたか？

私は20歳になったらボディコンを着るものだとばかり思っていました（笑）。

それはそれはカッコイイ大人のおねえさんになって、髪をかき上げながら夜遊びをするのだと。

一体何に憧れていたんでしょう。

そして正直、今の私の年齢はもうおばさんだと思っていました。

そんな子供も20歳になり、ボディコンを着る夢は破れ、大人になることは……想像と全く違いました。だって私、まだおばさんじゃない気がする。図々しいかしら。

まだ子供の友達の前で自分をおばさんと呼んだことはない、面倒な奴なんです、私（笑）。

とにかく子供の頃想像していたより、色々まだまだです。

今のおばさんはだいぶ若い。

おばあさんだって若い。

自覚しているかどうかは人それぞれだから厄介なのよね。

何歳を超えたらおばさん？　おばあさん？

子供がいる人はおばさん？

白髪になったらおばあさん？

このへんのカテゴリー分けが実に曖昧なので、自分で意識してないけど、うっかり無邪気な子供に傷つけられちゃったりしてます。

私は今の自分の年齢が好きだし、誇らしいけど、〝おばさん〟というのは引っかかるんだよなぁ。

百歩譲っておばさんと呼ばれてもいい。だけど、自分をおばさんと呼ぶのにはまだ抵抗がある。

それってなんでか考えてみたら、この〝おばさん〟って呼び方、リスペクトがないのよね。普段の生活の中で〝おばさん〟の中にポジティブな要素は見いだせない。むしろ悪口として使われることが多いしね。

フランスの〝マダム〟みたいな素敵な呼び名はないものだろうか。そうしたら喜んで自分をそう呼べるのに。

いや、フランスでは同じように〝マダム〟と呼ばれたくない！　となっているんだろうか。

うまい呼び名が見つかるまでは、どうにかこの〝おばさん〟の地位を向上させることに邁進《まいしん》しよう。

イケてるおばさんになって、イケてるおばさん作りをお手伝いして、若い女の子たちに「早くおばさんになりたい！」って言わせなきゃ。

下着

下着を新調する

きっかけは久しぶりの下着の仕事でした。

ランジェリークというブランドに出会って、下着の効果は寄せてあげるだけじゃない、メンタルにもあると知りました。

私の下着はそのほとんどが、透《す》けない、ひびかないものばかり。

これは服を着る上で〝基本のき〟だし、清潔感にもつながっているので大事なことだと思っています。

そんなに補正力はなくてもいいから、シンプルでイージーケアできて、着る服に左右されないもの。そんなふうに選んでいくと、大体同じような物が集まります。

いいさ。色々試してここにたどり着いたんじゃないか。

そこまで強い意志もこだわりも持ってはいませんでしたが、下着ブランドとお仕事させてもらうことになって〝そうじゃない〟下着を試すことになったんです。

ちょっとした補正力もあって、お洗濯に一手間かかって、着る服に左右される下着……。隠したいんだか、隠したくないんだかのデザインにインポートのレースはそれはそれは美しくて、見ているだけでうっとりとします。

自分の好みや下着に求める必要条件とは違いますが、新しいものを試すのが好きなので色々な下着を試着させて頂きました。

そこで出会ったこれまた〝お久しぶり〟の自分。

これ、私？

鏡に映った女性をじっくりと眺めていたら、内側からむくむくと柔らかい気持ちが溢れ出て、ゆっくりと優しい顔になっていきました。

そんなバカな！　もはやスピリチュアルな話。

今思うとあれは女性ホルモンだったんじゃなかろうか……。

いや、女性ホルモンって自分で作ることができないからサプリとかがあるんだったよなぁ。じゃあなんだったんだろう。

何かを思い出したような、取り戻したような、とても素敵でキラキラした気持ち。

いまだにあの気持ちが何だったのかわかりませんが、プレスルームの小さな試着室で巻き起こったなんとも不思議な出来事です。これもオシャレ七不思議に入れておこう。

そしてその時試着させてもらったレースの下着上下は、今、私のスーパーシンプル下着シリーズと一緒にクローゼットの引き出しの中にいます。服を着るためにつける体のための下着じゃなくて、ときめきをくれる心のための下着。

最近キラキラ足りていないなぁ、と思っている方、騙されたと思って新しい下着を是非。韓国ドラマと同じくらい効果ありますよ、きっと。

ランジェリークのプレスルームでのキラキラ事件から、下着への概念がガラリと変わりました。こんなにも気分を変えるものだったんだなぁ。服を着る為の下着、ときめきをくれる下着、どちらも必要ね。

新しい自分

ツヤツヤやふわふわな服

〝大人になったら焼肉よりお寿司が好きになる〟みたいに、食の好みが変わっていくことはありますが、洋服の好みはどうでしょう？

やっぱり同じように変わっていくことがあると思うんです。

ずっとずっと好きだったものに加えて、その時の気分とか、今の体型にしっくりくるだとか、理由は色々ありますがやっぱりファッションに対する気持ちは変化していくもの。食もファッションも気になるものが変わっていくのはとても自然なことだと思います。

私はまさに新しいアイテムに挑戦しているところ。今まで気になったことのなかったものです。どちらかといったら避けてきたようなものなのに！

それはシルクのシャツやモヘアニット。あのツヤツヤした滑らかなシルクとふわっふわで気持ちのいいモヘアです。

エレガンス代表とフェミニン代表の素材と言っても過言ではないよね。ずっとカジュアル好きだった私には全くもって縁のない素材だと思っていました。むしろちょっと媚《こ》びているような印象すらあったかも？

シャツはコットンやリネンの洗いざらしな感じが好きだし、ニットはフィッシャーマンニットのようにオーセンティックな作りでズッシリと重い無骨《ぶこつ》なものが好き。それなのに……。

どうしたのよ、私ったら。

ベーシックからちょっと冒険してみたくなっていたのもありますが、この苦手だと思ってきたツヤと肌触りが、今の自分にものすごく必要な気がしたんです。

なぜって……。

可愛くなりたいから！

と、言うと素直すぎますか？（笑）。見た目ももちろんですが、可愛げがある人になりたいから。大人になればなるほど、本気でそう思うようになりました。

きっかけは単純。仕事でリースしたものを何気に着てみたら、あれ？　いいじゃん、と。

なんだかいつもより優しく、柔らかく見えたんです。

今まで何十年と自分と付き合ってきたのに、全く想像していなかった雰囲気になりました。

その雰囲気が好きと言うよりは、とにかく新鮮で。

ツヤツヤな私。

ふわふわな私。

笑っちゃうのは私だけでしょうか。とはいえ新しい自分を発見するというのはいくつになってもやっぱり嬉しいものです。

自分をしっかり知ることはファッションにおいても人生においてもとても大切なことだと思っています。ちゃんと知っているからこそ、たまにはこうやって変身してみるのも面白い。その柔軟な心が可愛げにもつながっていくんじゃないかしら？　なんてね。

よく笑って、楽しいことを探して、いつまでも何かに挑戦していたい。

シルクとモヘアをたまには着ながらさ。

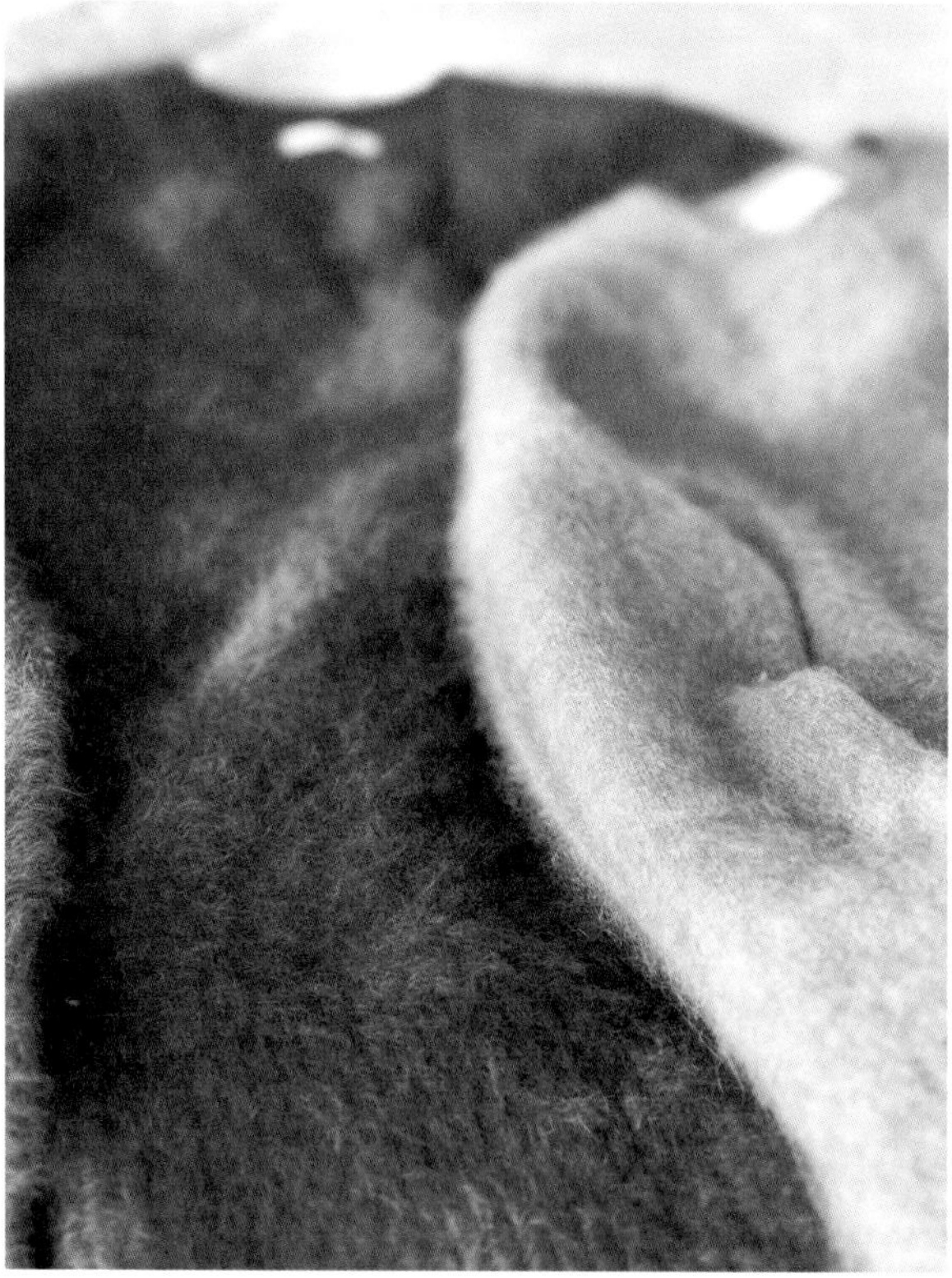

私を“可愛らしい気持ち”にさせてくれるモヘアのニットたち。ただでさえ挑戦の甘さなので、色はシックなものを選んでいます。フェミニンじゃなく、エレガントに着こなすのが目標です。

アスレジャーを取り入れてみる

ここ数年で私が最も進化したと思うファッション分野です。

アスレジャーとは、アスレチック（athletic）とレジャー（leisure）を組み合わせた造語で、スポーツジムやヨガスタジオで着るトレーニングウェアを普段着にも取り入れるスタイルのことです。

例えば一番わかりやすいのがレギンス。ピチピチの長いスパッツのことね。

週末はルルレモンのレギンスしか履いていないっていう人もいるくらい。

まだまだ地域によってはボトムと認識されず、あらま！　恥ずかしい人！　と、なってしまうので気をつける必要はありますが、やっぱりレギンスはのびのびでラクチン、ストレスフリー。気持ちいいので私も愛用しています。

もちろんお尻が隠れる丈のトップスを着ていますがね。いつか慣れてお尻を出せるようになるのかなぁ。お尻を隠すコーディネートのまま終わるかも。

着こなしは自由です。

とにかく散歩にも、ランにも、ヨガにもぴったりだし、洗濯、掃除、食器洗いなんて、なんならちょっとやる気すら湧いてくるアイテム。あのフィット感がいいのかしら。

レギンスの他にもスウェットやスニーカー、キャップやサコッシュなどなど、アスレジャーアイテムと呼べるものはたくさんあります。キーワードは、

「リラックス感と機能性！」

それさえ入っていればもうそれはアスレジャーアイテム。

なぜここまで人気になったかというと、やっぱりコロナの影響が大きいと思うんです。家にいることが増えたので運動不足を懸念して、体を動かすことを始めた人が多いんじゃないかしら。

健康への憧れ。

そんな気持ちがファッションと融合したように思います。

ベーシック好きの私にもその波が押し寄せてきたのだから、それはそれは大きなムーブメント。

昔ながらのスタンダードなスニーカーが今も変わらず大好きですが、そんな私ももうハイテクスニーカーを無視できない。なんなら夢中！

ヴァンズよ、コンバースよ、必ず戻るから浮気者の私をしばらく許してね。

たくさん歩けるスニーカーなしでは始まらない。どんなファッションでも合わせやすいようにシンプルなものを選ぶようにしています。

喪服　サヨナラの時こそ〝私らしく〟ね

喪服を着る機会は大体が突然。

ちゃんと悲しみに浸りながら、ゆっくり別れと向き合いたいものです。

だけど気になる喪服のこと。

あれ？　どこにしまったっけ。

まだ着られるかな、いやどこかで買い直してから行こうか、なんて。

心のどこかにずっとそんな気持ちがモヤモヤとまとわりつきます。

普段から着ているわけではないし、頻繁にあるものでもないし、このモヤモヤの経験、皆さんもありませんか？

そして着てみて愕然とする。

あなた……誰ですか？

なぜこんなにも別人みたいになるんだろう。

黒い服は好きだし、自分らしいとすら思います。

週3は何かしらの黒い服を着ているし、持っている靴バッグも圧倒的に黒が多い。

もはや好きな色を聞かれたら、黒です！　と答えてもおかしくないくらい、私は黒と仲良く生きていたつもりです。

なのになぜか喪服となると話は別。

黒ラバーの私もいまだしっくりくる喪服を見つけられていません。

まず喪服を真剣に探したことがないのも事実。

以前慌てて買ったものを、特に問題もないから買い直していないだけ。

喪の靴バッグに関しては、特に決まったものを持っておらず、いつもその場しのぎでどうにかしてきたような。

ここをお気に入りにできたら、余計なことは考えなくて済むんだろうな。

喪服は黒の色味、素材などルールがあります。靴バッグ、ジュエリーに関しても。

もしかしたらウェディングよりルールがたくさんあるかも。

そもそも個性を出すようなアイテムではないし、ここで服にこだわるのも何か失礼な気がしてしまう。
だけど……せめて好きな服でお別れしたい。
どこかで故人が見ていたとしたら、あなた、誰ですか？　とならず、私だって
わかってもらえるくらいに。
あぁ、来てくれたんだね。その服素敵じゃん。と、何処《どこ》かから言ってくれるよ
うな気がするから。

バイヤーとしてセレクトしたシュオの数珠《じゅず》と帛紗《ふくさ》。いつどんなタイミングで買ったらいいのかわからずなんとなくで過ごしていましたが、そろそろお気に入りを見つけるタイミングだと思います。

新しい顔

自分の顔を愛せるように

コロナの自粛期間中、ずっと家にいたので見飽きるほど自分の顔を見ました。

私ってこんな顔だったかなぁ。

もう何十年も付き合ってきた顔なのに、じーっと目を凝らしてみると、まるで別人のようにも見えたりして。

やっぱり老けたよねぇ。

じっとしていられない性格なので、早朝まだ人がいない時間に毎日散歩していたから、それなりに元気そうに見えるけど、きちんとシワはきざまれて、ぼんやりとシミもある。

こんな顔になったんだなぁ。

一番鏡を見ていたのは10代か、20代か、記憶が定かではないけど、その頃頭に焼き付けた自分の顔とはやっぱりどこか違っていて、見れば見るほど全然違う誰かのように感じてしまう。

ある時期からマスクが必要な生活となり、特に顔まわりは一変しました。

メイクに関しては、もうマスクありきでこのキャンバスを描いていくしかないので、特に大事なのは〝アイメイク〟となりました。

私、正直ほとんどアイメイクをしたことがなくて……。

それはそれは困ったものです。

顔の中の色味といえばリップに全信頼を寄せていたため、アイシャドウとは縁のない人生を歩んできてしまったのです。

だけどリップを封じられてしまった今、顔に血色はなく、大きなマスクに印象の薄い目元がのっかっているだけの顔。

そこで、あーあ、で終わらないのが私のしぶといところです。

そんな落胆より先に謎の冒険心が湧き上がってきました。

変わりたい！

今の自分の顔を受け入れて、ちゃんと愛せるように。

この先死ぬまでこの顔と付き合っていくんだから、ここらで腰を据えて向き合ってみないとねぇ。自粛期間、なんてグッドタイミング！

そこで自分が持っているなけなしのメイク道具を広げて、研究を始めたんです。

できるアイメイクはアイライン。これはまぁまぁ上手にひくことができます。

苦手なのはアイシャドウ。

これを一体どうやって取り入れたらいいものか。

4色だか6色入りのパレットを聞いたセオリー通りに順番に塗り、グラデーションを作ってみたのですが、そこにいたのは懐かしのバブル期のおねえさん。

バブル期を経験していないのであくまでも私の憶測ですが、あのグラデーションアイシャドウにはソバージュヘアが一番似合うはず。

いやいや私が目指しているのはそこではないのよ。

そこでアイシャドウは一色だけ使うことにしました。

たぶんグラデが私をバブル顔にするのだと思ったからです。

そしてそれはとても良い結果となりました。

少しパールの入ったシャーベットオレンジのアイシャドウ。

光の加減、角度によってはヌーディーにも見えるし、顔に血色を足してくれて明るい印象になった気がします。今までほとんど使ったことのないアイシャドウ、そして手に取ることすらなかったシャーベットオレンジ。

あの別人みたいだった自分の顔が、今の自分の顔だとしっかり記憶されました。
今もその色は大好き。
いつでも新しい顔は手に入れられる、挑戦することをあきらめなければね！

ヘアスタイル
髪型を変えてみる

「ママ、ハゲてんじゃん！」そして私は前髪を切った……。

なんだかちょっと意味深な映画のタイトルみたいですが、こちら実話となっております。

ちょっとママの写真撮ってよ〜。

さりげなく子供に頼んだのですが、撮ってくれた写真を見て子供が爆笑して言いました。

「ママ、ハゲてんじゃん！」

え？　は？　何言っちゃってんの？

なんて取り返したスマホに写る私の額《ひたい》は見事に光り輝いておりました。

そんなバカな！

そう、そんなバカな、だったんです。

丸々おでこは出していたものの、光の加減がうまいこと私の額をとんでもないことにしてくれていました。

だけど……。

この言葉がひっかかったのは、実は私も気になっていたから。

40歳を超え生まれて初めて髪の美しさに心惹かれています。

美しさを取り戻したい、が正しい気持ちかも。

今までファッション畑で生きてきたので、つながっているとはわかっていても無頓着だった美容。

健康的な髪を、もう一度手に入れたい！

そのために始めたスカルプケア。プラスアルファのトリートメントもいいけど、頭皮の状態が良くないと、これからはえてくる髪の質と量に期待できないじゃない。

ああ、もっと早く気がついていたらなぁ。いいや、大事なのはこれからだ。過去より今、今よりこれからだよね。

若者達よ、服や靴やバッグもいいけど、最終こっちにお金がかかるから、できるケアはもう始めちゃって。

先輩として伝えられることはもはやそれだけ。

そして私はというと、ヘアメイクさんや美容師さんの助言もあり、一生懸命伸ばしていた前髪を切りました。ずっと後ろに引っ張り続けていた毛を解放し、毛根に自由を与えてみました。

さて、これがどんな結果になるかはわからないけど、大事なのはきっとこういう小さなことの繰り返し。

うん、前髪の自分も悪くない。

変化を受け入れて、さらに進化しなきゃ。

もっと、もっと。軽やかに。

ブランド
本物と本物じゃないものと

「本物を身につけよう」「本物思考のファッション」なんてよく耳にしますが、一体本物ってなにさ。

ハンドメイド？　オーダーメイド？　ブランドもの？　正直その定義は私にもよくわかりません。ただ高い物、というとそれもまた違う気がします。だけど偽《にせ》物《もの》はわかります。確かにこれはあまり素敵ではない。

だって何かを買う時、その品物だけを買うわけではなくて、そこにまつわるストーリーも一緒に手に入れるわけだから、偽物にはそんなものないでしょう。だから似たようなものを持っているだけ。いくら本物そっくりだったとしても、それはただのモノでしかないんです。

今の時代偽物と言ったらブランドのコピー品だけじゃなくて、カシミア風だとか、リネン風だとか、そんなものもあったりします。デザインだってどこも似たようなものが並んでいるし、それはトレンドともいうのだけど、トレンドが本物かっていうとそれもちょっと違う。

そしてそれがすべてダメかというと、そうでもない。服に関していうと意外と着やすかったり、軽かったり、洗濯しやすかったり……。いいところも結構あったりするのよね。

なんていうか、とても〝気軽〟な感じ。

よし、着るぞ！　なんて気合を入れたりせずに、どんなシーンだってサクッと着れちゃう。少々汚れても気にならないから、じゃんじゃん着て、じゃんじゃん洗える。今、一番よく着ているのは、無理して買ったジャケットじゃなくて、こういうお気軽なものばかり。よく着るならこだわればいいのにねぇ。

そして、〇〇風の気軽なファッションでも、大人なら本物をどこかに、がコーディネートの要です。時計でもジュエリーでもバッグでも靴でも、なんでもいい。どこかに本物があれば〝気軽〟な服を着ていても自信を持っていられるはず。

ということは〝本物〟って、身につけることで自信が湧いてくるもののことかしら。うん、きっとそう。

カルティエのおかげで、私はデニムでもスニーカーでも自信を持って“大人カジュアル”を楽しめているんです。付け忘れた日は大変、一日中なんだか不安でそわそわしてしまう。“本物”ってそのくらい影響力がある。

ママの仕事

好きな仕事をするということ

私は好きなことを仕事にしています。

それはとてもラッキーなことで、好きなことをしてお金をもらえるなんて、こんな素晴らしいこと、他にありますか？　最初からスタイリストを目指していたわけではなく、人との出会いからこの仕事にたどりつきました。だけど、今は天職だと思っています。

スタイリスト、最高！

時間は不規則で、メンタルもたまに崩壊しそうになるけど、昔に比べたらバランスが取れるようになってきたし、「ここぞ」という時がわかってきました。若い頃は無理もしたけれど、今は本当に好きな人たちと好きな仕事をするだけ。

笑って、悩んで、オシャレして……の繰り返し。

あぁ、幸せ。

逆に言うと、私にはこれしかないんだなぁと考えさせられたりします。スタイリストじゃなかったら……。私は何者になっていたんだろうか。結婚して、幸せな家庭を築いて、子供の夢を一緒に追いかけていたんだろうか。今だって結婚して、幸せだったり幸せじゃなかったりする家庭を築いて、子供の夢探しを応援しています。もしかしたらよその母よりうざくてキモいかもしれないけど、私なりに精一杯愛情を注いでいるつもり。

子供が保育園の頃、何度か泣きながら帰ったことを思い出しました。どうしても仕事を抜け出せなくて、保育園に迎えに行った時、子供は私の子供だけ。切なくて、情けなくて。心からごめんね、と思ったけど私は謝らなかったんです。

かわりに、ありがとう、と言いました。待っててくれて、ありがとう。おかげで大好きな仕事がたくさんできたよ。何度もありがとう、と言いながらシクシクと泣き、子供からしたら情緒不安定な親だと不安になったでしょうねぇ。それは本当にごめん。

何かの本で読んだことがあります。

ごめんねを言ったらお母さんは悪いことをしていることになる、と。子供は悪いことをされたと認識する、と。

時間に遅れたことは悪いことだけど、仕事に夢中になることは悪いことじゃない。好きなことに情熱を注ぎ、一生懸命になることはカッコ悪いことじゃない。ママは好きな仕事をしている、夢中になれるものがある。

一番近くの大人として、子供に見せたい姿です。

だから、ごめんね、じゃなくて、ありがとう。これからも大人が夢中になっている姿を子供に見せたいです。仕事じゃなくてもなんでもいいから。

余談ですが、「スタイリストはオシャレにこだわりすぎ！」というのが最近の息子の口癖です（笑）。

憧れる

憧れの人がいます

私は憧れの人がいつもいます。

変わらずにずっと好きな人もいるし、その時の自分に重ね合わせて勝手にシンクロして好きになったり、そうでもなくなったり……。それはもう自分勝手なものでして。

10代の頃、ケイト・モスに憧れていました。

あのスキニーな体に無邪気な笑顔。化粧っ気のない顔に今までのモデルとは大きく違う何かを感じました。何を着てもカッコよくて、なんならカルバン・クラインの下着一枚が最強にカッコイイ。唯一無二。

彼女の出現により、グラマラスな時代からナチュラルな時代がやってきたんだと思っています。

なかなかダイエットには成功せず、あのスキニーボディを手に入れられたことは一度もありませんが、シンプルなコーディネートやヴィンテージの服の着こなしは一生懸命真似したものです。

その後クラシカルなコンサバスタイルのオードリー・ヘップバーンに憧れたり、ギンガムチェックが似合うセクシーなブリジット・バルドーが好きになったりしましたが、昔も今もずっと好きなのはジェーン・バーキン。

ファッションも生き方も自然体で、あんなチャーミングな女性になれたら……とずっと長いこと憧れています。

ファッションはいたってシンプルで、ニットにデニム、シャツにワークパンツなど、どちらかというとボーイッシュな格好が多いのですが、なぜか色気を感じるんですよね。

歳を重ねたバーキンのシンプルコーデのほうがより洗練されて見えるので、個人的にはバーキンの40代、50代のスナップが一番好きです。

そしてそのDNAを受け継いでいるシャルロット・ゲンズブールも大好き！彼女のファッションもまたシンプルです。ママよりちょっとエッジが効いているかなぁ。

マニッシュな雰囲気に漂う女っぽさが好きになったのはこの親子の影響が大き

いかもしれません。

そう考えるとやっぱりフランスが好きなんでしょうか。

フレンチアイコンな人ばかり。

彼女たちが持っている独時の自由な雰囲気に憧れているんだと思います。

そして今一番気になるのは、ソフィア・コッポラ。

フランス人ではありませんが、彼女もまたシンプルシックなファッションがお得意です。白シャツも黒ニットもセンタープレスパンツもデニムも、彼女が着るとたちまち憧れのコーディネートに！　何でもないものを特別に見せる天才です。

これは持っている雰囲気勝ちというのもありますが、彼女の内側から溢れる知性みたいなものがそう感じさせるんじゃないかと思うんです。


その時々で憧れの人がいるっていうのはいいものです。

指針があるというのはファッションはもちろん、生き方の参考になったりもします。

どんな暮らしをしているか、丁寧に時間を使っているか、小さな幸せを感じているか、何にこだわって、どんなものを食べているんだろうか。

もちろんその人になることはできないけど、憧れの人の人生をのぞいて、自分にもできそうな新しいことにチャレンジしてみるのはワクワクします。

これからは昔みたいに着飾るだけじゃダメな気がしています。

むしろ本を読んだり、映画を見たり、美術館や博物館でアートを鑑賞したり。内側に蓄積した知性が外側にちゃんと影響してくるお年頃。だから服はシンプルでいい。滲《にじ》み出てくるものがあればそれが一番のアクセサリーですよね。

私にたくさんの刺激をくれた宝物の本の一部です。『エレンの日記』は、一冊の本を自分で作ってみようと勇気をくれた一冊です。まさかこんなに大変だとは！（笑）。でも、全てが幸せな時間でした。

変化

花よ、生き物たちよ

自分のiPhoneの写真を見て愕然としました。

私はいつのまにこんなに花や植物を愛するようになったんだろう。球根から芽が出て日に日に大きくなっていく記録や、週末は近所の公園の木々やバラ園の薔薇の写真、さらにはトレッキング中に見つけた高山植物などなど。場所も植物もコレクションは多岐にわたります。もう一度自問してみよう。私ってそんな人だったっけ?

いったいその写真どうするのよ? 熱心に植物写真を撮る母たちを見て、そんなふうに思ったりしていた私よ、次は君かい?

これは歳をとった証拠なんではなかろうか。だってもれなく私の母も夫の母もガーデニングが大好き。だから歳をとったらみんなが好きになるものな気がして。

さて、どうだろう。

それと同時に動物への愛も溢れ出しました。生きている動物も好きだけど、この愛はキャラクターとしての動物たちへのもの。エルメスのスカーフに隠れている生き物達、ロエベのチャーミングなゾウのポシェットやキーチャーム、カルティエやヴァンクリーフのジュエリーにすら動物モチーフを見つけるとワクワクしてしまう。

何度も言いますが、私ってそんな人じゃなかった！　むしろこういうキャラクターっぽいものが苦手で全力で避けてきたし、こういうものが好きな人をちょっと特殊な人だと思っていた気がする。それなのに……。

この変化はある日突然じゃないはず。少しずつ、少しずつ、変わっていったんだろうなぁ。そして気がつけば花や生き物を愛おしいと感じていたんだと思います。

なんて自然な流れ。

でもね、昔から自然も動物も大好きでした。子供の頃動物のお医者さんになりたいと本気で思っていた時期もあるし、大人になってからも東京とどこか自然の中との二拠点生活を真剣に考えたりもしました。

結局その2つの目標はどちらも叶っていないから、もしかしたらそれの反動で

ついに私も花の写真をコレクションするところまで来ちゃいましたねぇ。鮮やかな色、みずみずしい生命力、今自分に足りないものを植物で補っているような気がします（笑）。ハーブの勉強、また始めようかな。

今植物や動物に夢中なのかもしれません。

いや、たぶん必死だったから見えていなかったんだろうな。

自然や動物を慈《いつく》しむ時間より、どうやって効率よくシンプルに仕事して、子育てするか、その方が私にとって重要なことだったから。きっと私の2人の母たちも子供が巣立ってから本気でガーデニングと向き合いはじめたんだと思います。

子も植物も生き物も、この育てるって行為は本当にかけがえのないもので癖になる。だから巣立つとその穴を埋めるためにまた別の何かを育てはじめるのかもしれません。

私も少しだけその気持ちが理解できるようになったんだなぁ。

おじさんと
おばさん

無いなら、補えばいい

年々、おじさんはおばさんに、おばさんはおじさんに近づいていくよねぇと、よく仲間たちと話します。

私の周りにはどちらもいるのでものすごくわかりやすい。

特にエネルギーに満ち溢れた女性が多いので、そんな女性の周りには必然的に穏やかな男性という組み合わせが多い。なのでこの変化、必然かもしれません。

主導権を握るたくましいおばさんと、可愛いものが好きな優しいおじさん。実はこれはけっこういいバランスだと思っています。この組み合わせの特徴は、とにかくランチが長い、です（笑）。だってみんなよく喋るから。

ここまではマインドのお話なので、ほっこりと穏やかに聞いていられますが、これが外見の話となると……、ホラーです。私も中身はなかなかのおじさんだと自覚していますが、髪が長いし、メイクもしているから、かろうじて見た目を女性で保っています（もはや髪が長いこともメイクしていることも女性の特徴ではなくなってきてるけど）。

働く女性は特に、男前でいなきゃならない時があります。なんて、自分のホルモンの偏《かたよ》りを現代で働く宿命みたいに言ってみたりして。

昔、何かで読んだ記事を思い出しました。

同窓会で再会したら、そっくりだったそうです。同級生の男子（おじさん）に。背丈から体型、白髪まじりのベリーショートヘアまで。かろうじて大ぶりのネックレスをしていたから間違われることはなく同窓会は無事終わったと。

その次の日から、アクセサリーを必ずするようになったと書いてありました。

この話がずっと心のどこかにあるんです。

そして必ずや私にもやってくるトピック。

中身もそうだけど、やっぱり見た目はまだまだ女性でいたい。

そこでなにが必要か考えてみました。

チーク、リップ、ネイルなど少々のメイクやアクセサリー。レースやフリルなどの素材やディテール、単純にスカートやバレエシューズなどのフェミニンアイテムもわかりやすくていいかもしれない。
きっと他にもアイデアはたくさんあるはず。
ヒールやミニスカートは履けなくても、女性らしさは、きっと何かでプラスできる。
無いなら、補えば良し！
ここには時間とお金をかける意味がありそうですねぇ。
これからは投資するなら、女性らしいアイテムが間違いなさそうだな。

大人の夢 もう一度夢を見つける

子供が10歳のハーフ成人式を迎え、心から願いました。

いつか彼の夢が叶いますように。

親として私にできることは、その夢を探す手伝いくらい。

そのためにたくさんのことを一緒に体験してきました。夢中になれるものを見つけてほしい、と願いながら。

やっぱり夢っていいよなぁ……。

あれ?

そういえば私の夢ってなんだっけ?

洋服の仕事をすること?　それも夢の一つだったから、私の夢は叶ったのか。

そう思うと好きなことを仕事にしている自分はとてもラッキーなんだと思うんです。

でも、夢が叶ったその後は？

そこで終わりでしょうか。

結婚することが夢だったら、結婚した後は？

何かに合格することが夢だったら、合格したその後は？

夢は叶ったら終わりじゃないはず。

そこから新たな夢が生まれるんではないでしょうか。

そんな疑問から、もう一度夢について考えてみることにしたんです。

ふと思い出したのが、バックパッカーになって世界中を旅してみたい！　という若き日の夢。

今までは〝まさかそんな！〟のお話でした。ちょっとよく考えてごらんなさいよ、自分の年齢と体力を。できるわけないじゃないのさ……。

本当にできない？　不可能？？　絶対？？？

いいえ、できます。きっとできる。できるかもしれない。ダメかもしれないけど、挑戦することはできる！

あまのじゃくなのか、ポジティブなのかギリギリの性格です。

だってコロナを経験した私の価値観はもう今までとは違うものだから。ポジティブもポジティブ、スーパーポジティブに進化しています。

そんな私はバックパッカーは若い人がなるもの、若い人が自分探しをするもの、という価値観をポイッと簡単に捨てられました。

おばさんがバックパッカーになったっていい。自分をもう一度見つめ直しに行ったっていいじゃないか。

そしてこう思うんです。

これから夢を探し始める子供と一緒に話したい。

叶った夢の話も、これから叶えたい夢の話も!

夢は何度見たっていいんだって教えたいんです。

見てろよ〜、これからの人生は今まで以上に楽しんでやる!

気分屋なのでもしかしたら明日もう変わっているかもしれませんが、ひとまずバックパッカーになりたい、という新たな夢が出来ました。

そして私はもう十分大人なので、どうしたらそれを叶えられるのか、逆算して必要なことを割り出していくことができます。

モヤモヤもしなければ、焦《あせ》りもしない、別に旅で新しい自分が見つからなくたっていい(笑)。

そこらへんのドライさ、大人最高。

心はどんなに元気でも、体力を考えると限界はやってくるので、もっと綿密に計画を立てねば。

これは誰かの夢ではなく、私だけの夢。

叶えるか、叶えないかも自分次第ね。

これから
生活をシフトしていこう

無我夢中で働いて、髪を振り乱しながら子育てをして、私の今までの人生を振り返ると、いつも誰かのために頑張ってきた気がします。

これは私だけの話ではなく、世の40、50代の方はみんな似たようなエピソードをお持ちじゃないでしょうか？

今では笑える話も、当時は真剣に涙したりしたものです。

私たち、頑張ってきましたよねぇ。

誰か褒めて！（笑）。

だけど子供が10歳になり、私より友達と遊ぶのが楽しくなったようです。

それはとても自然なことだし、成長を素直に嬉しく思っています。

仕事もがむしゃらというよりは自分のペースが見えてきました。

今の私のやるべきこと、そうでないことの判断が細かくできるようになったし、無理をしている仕事はありません。どの仕事も心から楽しいと思える。

安定はしていますが、きっと私、過渡期なんです。移り変わりの途中。

仕事中心、子供中心の生活から、これから自分中心の生活にシフトしていくことになるでしょう。

今までの慌ただしくも充実した人生が変わるのはなんだか寂しい気持ちにもなりますが、新しい人生がまた始まると思うとそれはそれでワクワクするもの。

そろそろ、〝自分中心〟。

子供の頃からマイナスの意味で言われ続けた言葉（笑）。

あぁ！　なんていい響き！　やっと私の性質が生活に適合したように思います。

これからは自分中心に生きるぞ。

そのためにも、もう一度自分という人間に向き合って理解してあげたいと思います。

だって今後も一生付き合っていくのだから、理解できていた方が都合いいもんね。

好きなもの、嫌いなこと、仕事、家事、趣味、まだまだ続く子育て……。

私はどんなふうに生きていきたいのか、これから何者になりたいのか。

まずはまっさらな状態に戻って、何にも縛られず、心ゆくまで考える時間が必要です。

そしてもう少ししたらその時間を手に入れる気がしています。

さて、時間が手に入ったら私はシフトできるかな？　それともモジモジとこの変化を受け入れられず過去に縛られてしまうかな？　それすらワクワクしているんだから、本当に楽天的な性格だわ。

おわりに 新しい自分に出会う

今回、色々なご縁があって本を書かせていただくことになりました。

これは初めての著書。

今までは話したことや想いを編集さんやライターさんがまとめてくれて、一冊の本となっていましたが、今回そんな助っ人はおらず、書き終わるまで数回ほど「自分で書きます！」と言ったことを後悔したりもしました（笑）。つたない文章ですが、今は自分の言葉で綴ることができて、それが一冊の本となったことを本当に嬉しく思っています。

どうですか？　クスッと笑っていただけましたか？

ただの一人のスタイリストの生き方や考え方なんて、実は何も特別なものじゃないんです。ファッションが大好きだって、そうじゃなくたって、寒いものは寒いし、お腹も減る。白髪も生えればシワもできます。

私に特別なものがあるとしたら、それは「楽しむ才能」だと思っています。人によっては悩んでしまうようなことも、どうにか楽しむ！　自分が哀れだとか、惨《みじ》めだなんて思わずに、堂々と楽しむんです。

これは逆に歳をとったからこそたどり着けた境地かもしれません。嫌になっちゃうことは毎日のようにあるけど、ちゃんと考えて、納得して、時には放置することも。そのうち忘れちゃったりしてね（笑）。

楽しむために努力していることもあります。それは、自分に嘘をつかない、ということです。自分を心から理解してあげられるのは自分しかいないと思うから。ごまかさず、心に正直に生きるということは、自分を大切にするということと同じ。好きなもの、嫌いなこと、してみたいこと、行ってみたい場所……。たまには自分自身に聞いてみてあげてください。

大好きなジェーン・バーキンの言葉です。

「美しく年を重ねる秘訣は、よく眠ることとよく笑うこと。そして、自分のしたいことをすること」。

彼女も自分に嘘をつくのが苦手なようですね。自分のしたいことをする、どうやらそれがこれからの私たちに必要なことのようです。これからみなさんが私が、新しい自分に出会えますように。

*

そして最後に。いつも私に新しい話題やアイデア、笑いをくれる、家族、友人、仕事仲間たちにとても感謝しています。

いつも楽しい毎日をありがとう！

特に元アシスタントのまさる、もんちゃん、ふなとん、かめちゃん、あかりん、みれいちゃん、えりりん……みんなは私の家族みたいな、姉妹みたいな、友達みたいな存在です。

この関係は今の私の生活に欠かせないものとなりました。

「スタイリストにならなくてもいい。幸せになってほしい」

全員にそう言ったのに、みんな立派にスタイリストになりました。

あちこちで活躍の噂を聞くたびに本当に嬉しくて、誇らしい気持ちになります。

会う度にたくさん影響されているし、刺激をもらえる若い仲間たち！

最近はあげるものより、もらうもののほうが増えてきちゃったなぁ。

そんなボスですが、私を見て〝歳をとるのも楽しそうだなぁ〟と思ってもらえるよう、これからも面白いことを探し続けていくからね。

好きなだけ憧れてくれてかまわないよ（笑）。

さて、天気もいいし今日も何か探しに行くとするか！

stylist　福田麻琴

福田麻琴

スタイリスト。1978年生まれ。『LEE』『VERY』『mi-mollet』など女性誌やwebマガジンのスタイリングを中心に広告、CMの他、エッセイの執筆、ブランドのディレクション、バイイング、コラボ商品開発など幅広いジャンルで活躍中。フランス留学を活かしたフレンチテイストに抜け感を加えたベーシックスタイルにファンも多く、Instagram、YouTubeも人気。

Instagram：@makoto087
YouTube：FUKUDAKE？

私《わたし》たちに「今《いま》」似《に》合《あ》う服《ふく》
新《あたら》しいベーシックスタイルの見《み》つけ方《かた》

2023年6月5日　第1刷発行

著　者　福《ふく》田《だ》麻《ま》琴《こと》
発行者　佐藤　靖
発行所　大和《だいわ》書房
東京都文京区関口1-33-4
電話03-3203-4511

装　丁　細山田光宣＋奥山志乃
(細山田デザイン事務所)
写　真　福田麻琴
校　正　大川真由美
本文印刷　萩原印刷
カバー印刷　歩プロセス
製　本　ナショナル製本

ISBN978-4-479-78587-3
乱丁・落丁本はお取替えします
http://www.daiwashobo.co.jp

＊本書に記載されている情報は2023年4月30日時点のものです。商品の仕様などについては変更になる場合があります。
＊本書に記載されている物はすべて著者の私物です。現在入手できないものもあります。あらかじめご了承ください。